社会化用户运营

方荣华 李 美 林学伟 主 编

周俊雯 何茹媛 杨 成 副主编

电子工业出版社·

Publishing House of Electronics Industry

北京·BEIJING

内 容 简 介

本教材是依据新专业目录，基于移动电商岗位工作任务对应的知识、技能，经 PGSD（职业能力、通用能力、社会能力和发展能力）解析后编写的岗位工作内容，体现了新颖性，便于学生在学习过程中掌握职业技能。

本教材的主要内容：走进社会化用户运营、目标用户特征分析、用户拉新技巧、用户留存技巧、用户促活变现技巧、用户维护技巧和用户交易风险防范等。

本教材可作为电子商务专业、移动商务专业及相关专业的教学用书，各级培训机构的培训资料，还可作为相关企业的内部培训资料。

图书在版编目（CIP）数据

社会化用户运营 / 方荣华，李美，林学伟主编.

北京 ：电子工业出版社，2025. 6. -- ISBN 978-7-121

-50538-6

Ⅰ. F713.36

中国国家版本馆 CIP 数据核字第 20252W0Q31 号

责任编辑：陈　虹　　文字编辑：张　彬
印　　刷：三河市龙林印务有限公司
装　　订：三河市龙林印务有限公司
出版发行：电子工业出版社
　　　　　北京市海淀区万寿路 173 信箱　　　邮编：100036
开　　本：787×1092　1/16　　印张：11.75　　字数：271 千字
版　　次：2025 年 6 月第 1 版
印　　次：2025 年 6 月第 1 次印刷
定　　价：45.00 元

凡所购买电子工业出版社图书有缺损问题，请向购买书店调换。若书店售缺，请与本社发行部联系，联系及邮购电话：（010）88254888，88258888。

质量投诉请发邮件至 zlts@phei.com.cn，盗版侵权举报请发邮件至 dbqq@phei.com.cn。

本书咨询联系方式：chitty@phei.com.cn。

前　　言

　　信息技术的迅猛发展，使电子商务成为我国经济发展的中坚力量。加快电子商务的发展，是企业降低成本、提高效率、拓展市场和创新经营模式的有效方式。电子商务的快速发展给中职学校的电子商务专业建设带来了巨大挑战。2019 年，中职专业目录中增设了移动商务专业、跨境电子商务专业、网络营销专业，为此，全国电子商务职业教育教学指导委员会牵头，开展了新增专业教学标准的制定工作。2021 年，中职专业目录再次调整，在电子商务类下增加了直播电商服务专业。

　　为了使电子商务专业的学生摆脱基于平台、基于软件的单一动作的技能学习，在专业标准的制定工作中，工作人员重新梳理岗位工作内容和工作流程，提炼基于岗位工作的 PGSD（职业能力、通用能力、社会能力和发展能力），因此对教材的内容要求发生了极大的变化。本教材充分体现以任务为引领、以实践为导向的课程设计思想，突出职业教育"学以致用、做学合一"的鲜明特色，本着"以生为本、激发兴趣、重在实践"的主旨，将技能操作、活动组织、案例剖析等内容作为教学任务。本教材在编写中力求突出以下特色。

　　（1）基于岗位工作流程的项目化教学。本教材设置项目、任务、活动的三级体系，以活动为载体，以任务为目标，展示基于岗位的工作内容，降低理论难度和知识要求，以够用、适用、实用为目标，让学生在学习过程中明确职业领域分布、岗位工作任务和职业能力要求。

　　（2）基于岗位工作任务的情景化教学。每个项目设置有情景化思维导图，对项目实施过程中的职业能力、通用能力、社会能力和发展能力做出明确的要求。对于完成工作任务的知识准备、项目实施也有具体的要求，即参照岗位工作体系，转换典型工作任务，开发教学项目，以教学项目为载体，进行跨学科、多元化、理实一体化的综合教学设计，完成动作技能向职业技能的转化，对接岗位需求。

　　（3）基于精准教学目标的引导式教学。本教材精准设置每个项目的教学目标，在内容体系中凸显思政元素和创新元素，打破原来"重理论、轻实践"的学科知识体系，使内容适应行业变化、贴近实际应用。具体做法是以"必需、够用"为原则，突出对学生核心能力的培养，遵循职业能力发展规律；以"夯基础、活模块"为原则，重新构建互为依托、前后衔接的中职电子商务的全新课程体系。

　　（4）基于前瞻开放的思维化教学。本教材努力营造分层教学的学习氛围，使学生学习的主动性和适应性得以增强。在教材编写过程中，编者兼顾电子商务专业的新知识、新理念、新技术、新工具、新模式、新流程，创新教学内容，采用任务实践的编写体系，满足开放性教学和本土化教学的需要，满足不同层次的学生学习的需要。

（5）遵循以行动为导向的教学理念。本教材以职业教育采用的 PGSD 理论为依据，从问题引入、做中学、必备知识、案例、拓展练习等方面着手分配教学任务。"问题引入"可激发学生的学习兴趣，有利于学生主动探究学习内容；"做中学"让学生有效对接岗位工作任务，从而实现学习任务向工作内容的转化；"必备知识"可以满足学生自身发展的需要，反映行业动向和趋势；"案例"能增加学习的趣味性，突出对岗位实践能力的培养；"拓展练习"能满足不同层次学生的学习要求，有利于实现因材施教。

本教材适用的教学对象为电子商务专业、移动商务专业的中职学生，各级培训机构的初、中级培训学员及电子商务企业员工。全书共有 7 个项目，参考学时为 72 学时。具体见下表：

项目序号	项目名称	参考学时
项目 1	走进社会化用户运营	12
项目 2	目标用户特征分析	10
项目 3	用户拉新技巧	10
项目 4	用户留存技巧	10
项目 5	用户促活变现技巧	10
项目 6	用户维护技巧	10
项目 7	用户交易风险防范	10
合计		72

本教材由方荣华、李美、林学伟担任主编，周俊雯、何茹媛、杨成担任副主编。参与编写的人员还有李韵、方靓、许燕飞、熊瑶、王小珍。在教材编写过程中，编者参阅了其他专家和学者的相关书籍，以及网络资料，在此，对相应作者一并表示感谢。

由于电子商务的快速发展，编者的水平和时间有限，书中难免有不足及错漏之处，衷心希望使用本教材的师生和其他读者能针对教材中存在的问题提出批评、建议和意见，以便后续进一步完善。可以将反馈信息以电子邮件的方式发送至 zjlyfrh@163.com。

编　者

目　录

项目1

走进社会化用户运营

思维导图

能够根据运营目标与计划，初步分析目标用户的性别、年龄、地区、爱好、职业等基础信息，生成画像

能根据目标用户的画像，结合运营计划，协助团队确定社群的定位和规则，梳理用户的需求

能根据用户的需求归纳价值和内容，提供给社群

| | 职业能力 |

具备信息处理和信息收集能力，能对信息进行甄别与筛选

| | 通用能力 |

具备法律法规意识，能尊重用户的隐私权、肖像权、名誉权等

| | 社会能力 |

具备较强的自主学习能力

具备较强的创新思维和创造能力

| | 发展能力 |

项目1 走进社会化用户运营

知识准备
任务1.1 理解社会化用户运营的含义
任务1.2 关注社会化用户运营的素养要求
任务1.3 认知社会化用户运营岗位

项目实施
技能训练1：体验用户管理软件
技能训练2：核心素养培养训练
技能训练3：撰写社会化用户运营职业生涯规划书

学习目标

【知识目标】

（1）理解社会化用户运营的含义。

（2）区分社会化用户运营的类型。

（3）了解社会化用户运营的素养要求。

（4）理解社会化用户运营流程及部门职责。

（5）掌握社会化用户运营岗位的要求。

【技能目标】

（1）能够使用用户管理软件的基础功能。

（2）掌握用户运营岗位的核心素养，并培养相关训练技巧。

（3）掌握社会化用户运营职业生涯规划书的撰写要素。

【素质目标】

（1）培养创新意识：能够在分析社会化用户运营对互联网经济的影响后，提出新的观点。

（2）提高网络信息搜索能力：能够自主上网搜索有关社会化用户运营的知识、案例，并与其他人分享。

从古至今，因行业、兴趣、血缘等聚合的"点"不同，社会被划分为不同的社会群体模式。这个聚合的"点"是会变化的，因此，个人与群体、群体与社会、个人与社会的关系虽相对稳定，但并不是永恒不变的。

互联网时代社会化的形成原因与古代社会群体的形成原因是一致的，以行业、兴趣、血缘等为缘由聚合在一起，但它又不同于古代社会群体。互联网的开放、平等、跨时空互动等特性，让人和人的联系不再受限于地理位置，由此，便产生了不同于古代的"在线社会"。

本项目主要有 3 个任务：理解社会化用户运营的含义、关注社会化用户运营的素养要求、认知社会化用户运营岗位。

任务 1.1　理解社会化用户运营的含义

问题引入

当今社会，借助移动互联网的优势，社会化用户运营已经成为运营主体与用户之间建立联系的较短路径和经济方式。那么，什么是社会化用户？你是不是社会化用户？社会化用户运营对互联网经济有怎样的影响？

_____

_____

你知道吗

社会化形态其实一直都存在，但基于联系方式的限制，其发展被地理空间限制。随着互联网的快速发展，人与人之间的物理连接向计算机端和移动端转移。随着互联网通信方式的普及，受地理空间限制的社会化关系开始逐步跨越时空，进入虚拟社会化连接的阶段。如微信的出现，使得社会化群体组织开始摆脱限制，让互动更容易、管理更容易。这是社会化用户运营兴起的主要原因。

活动 1.1.1　了解社会化用户运营

🔍 做中学

请围绕以下问题做个小调查。

社会群体需要维系关系吗？为什么？社会群体关系如果需要维系，请列举从哪些方面进行，以及其核心因素。

_____

_____

_____

📅 必备知识

1．社会化用户的含义

社会化主要是指人的社会化。

社会化是指个体在与社会的互动过程中，逐渐养成独特的个性和人格，从生物人转变成社会人，并通过社会文化的内化和角色知识的学习，逐渐适应社会生活的过程。

社会化用户是指组成社会并在社会中活动，认同一定的文化、遵从一定的社会规范的社会行动者。

2．社会化用户运营

社会化用户运营是一个系统的、渐进的过程，运营人员要以足够的耐心和细心去整理社会化用户资料。了解用户的需求是社会化用户运营的关键，只有知道用户要什么，才能更好地为用户服务。

3．社会化用户关系的类型

社会化用户关系的类型可分为 5 种，分别是产品关系、兴趣关系、标签关系、空间关系及情感关系，如图 1.1 所示。

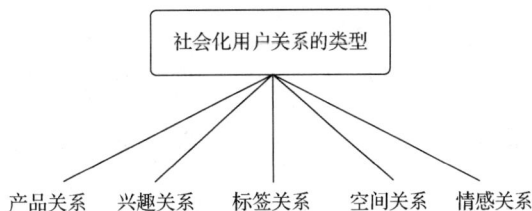

图 1.1　社会化用户关系的类型

产品关系是指社会化用户以一款或一类产品为关系点聚集用户，如小米产品的社会化用户、华为产品体验群等。社会化用户可以讨论产品的性价比，产品出现问题时，也能及时得到解决方案。

兴趣关系是指社会化用户以一个共同的喜好/兴趣为关系点聚集用户。如罗辑思维公众号、壁球的社会化用户等，就是因为用户拥有同一种爱好、同一种手艺、同一种兴趣等组建的。

标签关系是指社会化用户以一种很容易被人识别、很容易让人记住的符号为关系点聚集用户，如某些人的属相是马、鸡、羊等，身份是大学生、白领、教师、旅游达人等。

空间关系是指社会化用户以相同的空间为关系点聚集用户，如同一个小区内的业主群、同一个地方的老乡群，用户的文化、价值观趋同，在社会化用户群中能得到认同，而且这种社会化用户的黏性特别强。

情感关系是指社会化用户以爱情、友情、亲情等为关系点聚集用户，一个典型的例子就是同学关系的社会化用户。由情感关系形成的商业价值、圈子、人脉是普遍存在的。

【案例 1-1】

小猪佩奇 IP 社会化运营

小猪佩奇的动画形象在中国的社交网络上已经成为超级 IP（有影响力的知识产权内容或品牌形象等），其表情包被网友疯传。小猪佩奇天真无邪的表情，无论配上什么话都能成为表情包。脑洞大开的网友不断地产生新的创意，与小猪佩奇尽情"玩耍"。此外，小猪佩奇版权方还与很多品牌共同打造联名产品，不仅有国产品牌，还有国际奢侈品品牌。抖音上"小猪佩奇"话题下有海量视频，很多视频里都带有多个小猪佩奇的周边产品。

案例找准了社会化营销病毒式传播的特点，说明了"魔性"的动画内容不仅非常适合儿童，也适合成年人，在家庭内、社会中，形成了从儿童至成年人的传播模式。

通过使用一定的运营技巧，让原本可爱的卡通人物在不知不觉间形成了非常广泛的社会认知，经过不断地再次创作，小猪佩奇成了"社会人"的代表。这种"反差萌"的调侃，受到不少网友，尤其是"90后""00后"的喜爱。他们争相佩戴小猪佩奇相关产品，以表明自己"社会人"的身份。

拓展练习

打开搜索引擎，输入关键词"社会化营销案例"进行搜索，了解社会化营销案例。

分组讨论，整理讨论的内容，形成一份关于社会化用户运营的报告，各组之间分享成果。

活动 1.1.2 区分社会化用户运营的类型

做中学

社会化用户的多种类型决定了运营方式的多样化。假设某公司主营产品为母婴用品，请列举产品的社会化用户及扩散人群范围，并且绘制此类产品的用户关系图。

_____

_____

_____

📅 必备知识

社会化用户运营就是利用网络、在线社区或者其他互联网协作平台和线下媒体等发布和传播资讯，从而形成营销、销售、公共关系处理、用户关系维护及开拓的一种方式。

社会化用户运营必须有稳定的输出，这样才能将社会化用户的价值观传递给更多的人。

1. 社会化用户运营的输出

稳定地输出有价值的内容是社会化用户群能持续存在的前提。大多数优质的社会化用户群能给用户成员提供稳定的输出，这也是用户加入用户群、留在用户群的价值所在。

2. 社会化用户运营的类型

社会化用户运营可以满足用户的商品需求和精神需求。它的重要性和多样性及其中的商业价值不言而喻。社会化用户运营分为 4 个类型，分别是产品型运营、兴趣型运营、品牌型运营、知识型运营。下面介绍每种类型的特点。

（1）产品型运营

在商业社会中，产品始终是第一位的。优秀的产品能吸引数量可观的用户，形成社会化用户群。基于这个社会化用户群，往往还可以开展很多业务，以实现利润的增加。目前，产品型运营已经有了一些成功的实践，如小米公司。小米公司有实体经营的产品，但又颠覆了传统的产品销售方式，其利用线上社会化用户群的影响力和传播力，充分激发用户的参与积极性，最终创造了线下销售的奇迹。

（2）兴趣型运营

一般来说，兴趣相近或相同的人总是喜欢类似的事物。兴趣型用户群就是基于兴趣而组建的群体。他们通过网络进行互动交流，寻找到一群兴趣相投的伙伴，实现人与人之间的自由聚合。兴趣型用户群种类繁多，各有各的优势，如科技创业类的"36 氪"、美食类的"大众点评"、时尚消费类的"美丽说"等。无论是哪种兴趣型用户群，都蕴含着巨大的商业价值，值得商家挖掘。

（3）品牌型运营

品牌型运营强调品牌与用户之间的关系。品牌型用户群是产品型用户群的一种延伸，是用户以品牌为联系纽带，围绕品牌形成的组织。品牌型运营有其独特的作用和价值：用户可以通过参与品牌活动分享知识，获取情感和物质等方面的资源，甚至可以通过多种方式重新构建自我和表达自我，如参与品牌社会化活动，展示自己喜爱的品牌，发布与品牌相关的广告。品牌型用户基于对品牌的特殊情感和认知，认为这个品牌符合他们的人生观和价值观，从而产生心理上的共鸣。

（4）知识型运营

从狭义上讲，知识型用户群是指通过互动机制（如讨论区、留言板、聊天室、公布栏等）分享知识的用户群体。知识型用户群是兴趣型用户群的一种延伸，知识型用户更乐于分享自己的经验和成果，相互交流和学习，并从中得到肯定和尊重。由于知识型用户在社会活动中自发地交换意见和观点，因此经常会在思想上发生激烈的碰撞。

【案例1-2】

六度空间理论

20世纪60年代，一位心理学家对六度空间理论进行了实验验证。这位心理学家在美国向300名志愿者分发了300个包裹，并要求领取包裹的志愿者运用自己的人脉，将各自的包裹送到一个特定的人手中。这个特定的人居住在波士顿，是一名股票经纪人。领取包裹的300名志愿者中，有100人居住在波士顿（和特定的人在同一座城市），有100人是股票经纪人（和特定的人在同一个职业领域），剩下的100人则是完全随机分配的。心理学家提出明确要求：志愿者只能将包裹转交给一位可以直呼其名的好友，好友也只能再转交给自己可以直呼其名的好友……转交6次后，有64个包裹抵达特定的人手里。而在随机分配的100人中，有18人成功完成任务。

这个实验结果意味着，虽然不能完全确定只要通过5个中间人（6步）就能联系到世界上的任何一个人，但可以确定的是，通过"朋友的朋友"，还是可以联系到很多陌生人的。

这个实验结果对于社会化用户运营极为重要。可以想象，这样的人脉联结对社会化运营过程中的联络用户成员，如联络"大咖"参与活动、策划宣传方案、最大化地利用社群内外资源等，都能给予启示和帮助。

拓展练习

打开搜索引擎，输入关键词"社会化用户运营"并进行搜索，思考以下问题。

（1）社会化用户运营的核心问题是什么？社会化用户是谁？社会化用户从哪里来？是通过什么渠道过来的？属于什么类型？特点是什么？输出价值是什么？

（2）社会化用户群的规模越大越好吗？为什么？

分组讨论，整理讨论的内容，形成一份关于社会化用户类型的报告，各组之间分享成果。

活动 1.1.3 技能训练：体验用户管理软件

管理用户一般包括管理用户信息和用户跟进记录等，除可以使用客户关系管理（CRM）软件外，还可以使用在线协同表格进行记录和管理。以 SeaTable 表格为例，它可以在线使用，不需要下载，既可以通过计算机端和手机网页端使用，也可以通过微信小程序使用，方便随时记录信息，操作简单，还可以把表格共享给其他同事，共享权限可以是只读或可读写。

以下是一个用户信息及跟进管理案例，很符合使用场景。如图 1.2 所示，用户信息表包括两个子表，一个记录用户基本信息，另一个记录用户跟进情况。

图 1.2 用户信息表默认视图

1. 能方便地关联不同表格中的记录

通过使用链接函数，就能把用户跟进记录表里的每个跟进记录自动链接到用户信息表中。只需打开用户信息表就能查看每个用户的跟进详情，而不用切换到用户跟进记录表去查看。同样也能把用户跟进记录表中每个用户的最近跟进时间自动更新、同步到用户信息表中。

2. 可在不同表格之间快速切换，查看不同条件下的数据

用户可以根据需要增加多个视图。增加视图时，要为视图设置条件，如过滤、分组、排序等，这样就能显示符合条件的数据了。

用户信息表（多视图）如图 1.3 所示。

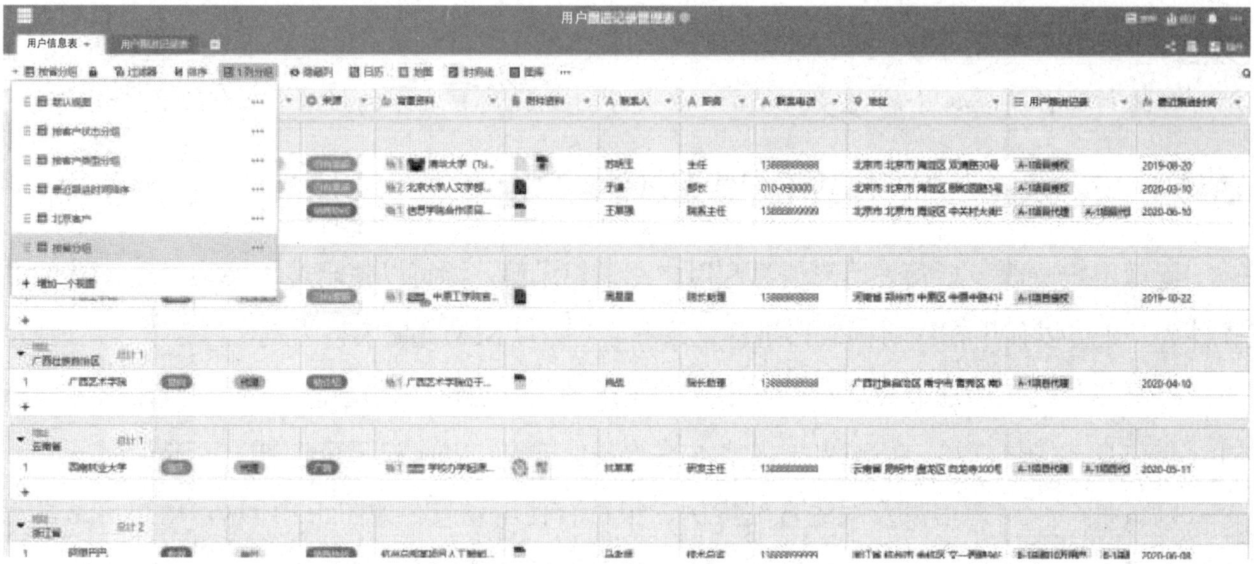

图 1.3　用户信息表（多视图）

用户跟进记录表（多视图）如图 1.4 所示。

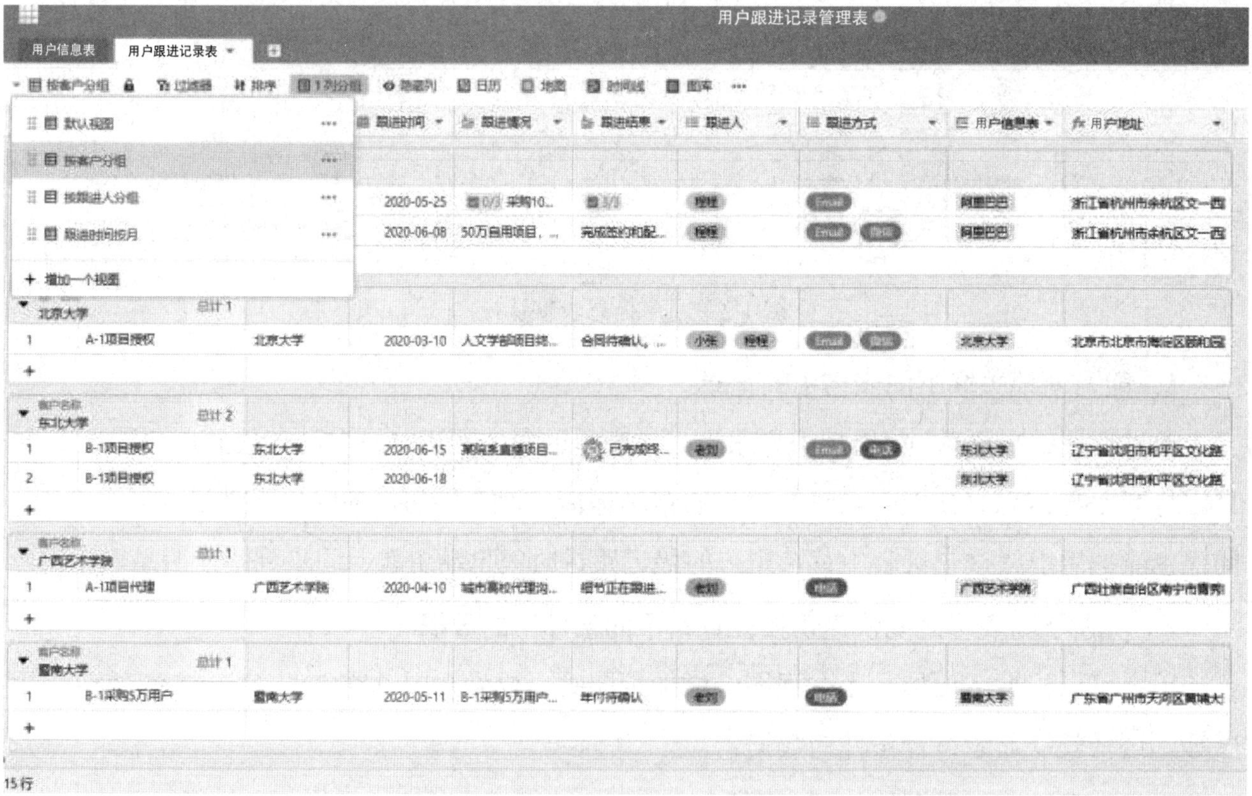

图 1.4　用户跟进记录表（多视图）

3．提供比 Excel 更简单易用的统计功能

统计分析数据时不再需要像 Excel 那样使用函数公式。使用 SeaTable 的统计功能，选择相应参数就可以快速生成表格、可视化的图表，如图 1.5 所示。点击统计图表上的记录，可直接查看并进行编辑。

图 1.5 SeaTable 的统计功能

4. 记录和管理信息比 Excel 更加方便

通过文中的表格，可以发现 SeaTable 表格支持多种数据类型，也就是能记录各种格式的数据，如长文本、图片、公式、地址等，用起来非常方便。增加列时，可以为新增加的列选择一个数据类型。

SeaTable 还有很多其他实用的功能，如插件、提醒、表单等。这里就不再展开介绍了。

教师点评

思政园地

大学生志愿者"三下乡"——用新媒体技术助力璧山水果销售

某工程学院的大学生志愿者在暑期"三下乡"活动中，利用微信、QQ、抖音等平台，助力当地水果的推广销售。

距离璧山城区十余千米的石河村水果基地有着近千亩（1 亩≈666.67 平方米）的水果园，盛产葡萄、西瓜、火龙果等水果。当时正是基地水果的成熟期，但由于信息闭塞、销售渠道不畅通，不少农户地里的水果都出现了滞销现象。"由于销售渠道没打开，他们大多把水果运往璧山城区销售，水果扎堆不好卖，价格也低。""三下乡"活动带队老师陶达说。

大学生志愿者拍下基地诱人的葡萄和火龙果的视频和图片，并将视频和图片上传到抖音平台，上传到微信朋友圈和 QQ 空间等社交平台，并进行转发……大学生志愿者利用网络平台，对精心制作的宣传视频和图片进行推广。仅仅 3 天时间，大学生志愿者就帮助水果基地销售1 500多斤葡萄、300多斤火龙果等。

"用网络平台进行推广,销售渠道丰富多了,每斤葡萄的价格也从4元一斤上涨到6元一斤。"当地最大的水果种植户——高科葡萄种植专业合作社的负责人说。

此次"三下乡"实践活动,大学生志愿者通过宣传农产品,指导农民使用抖音平台、代销自家农副特产,对于提升农民收入、助力乡村振兴、推进新时代"三农"工作具有十分重要的实际意义。在具体利用抖音等平台进行宣传之前,大学生志愿者对地方的农产品进行实地考察了解,对当地农产品原有的销售渠道、销售价格和市场等进行调研。

大学生志愿者自行组建社群,分工协作,开展营销与运营,不断解决现实问题;通过实践,兼顾消费者个人、社群、社会效益,将个人的利益与社群利益、社会需求乃至国家发展相结合。

任务1.2 关注社会化用户运营的素养要求

问题引入

社会化用户运营无论采取哪种模式,都与运营人员的个人能力、素质密切相关。运营人员应该是对生活充满热情的、对世界充满好奇心的人,只有这样,才能向用户传递充满正能量、有趣、有料及令人大开眼界的信息,从而吸引用户,使其更好地与产品联结。作为社会化用户运营人员,除应具备充分的工作技能外,还应具备哪些必备的素质?

_____

_____

_____

_____

你知道吗

很多人对评定社会化用户运营人员工作能力的标准有一个误解:认为有人说话,很热闹的群体才是活跃的群体,这才是社会化用户运营人员工作能力强的表现。事实上,做社会化用户运营工作的人一定要明确一件事:不是经常有人在群里聊天的群体才叫活跃群体,没人说话的群体就叫死群;社会化用户群的品质比社会化用户群的活跃程度更能反映运营人员的能力水平。

活动1.2.1 探寻社会化用户运营的素质要求

做中学

分析某个社会化用户群的营销价值及对你产生的影响,并填写表1.1;进行学生自评与教师评价并填写表 1.2。

表 1.1　某个社会化用户群的营销价值及对你产生的影响

社会化用户群的名称	营销价值分析	对你有哪方面的影响

表 1.2　学生自评与教师评价表

序号	技能点自评	佐证	学生		教师	
			达标	未达标	达标	未达标
1	识别优质的社会化用户群	能够说出 3～5 个自己加入的优质社会化用户群				
2	分析社会化用户群的基本要素	能够分析出某个成熟社会化用户群的基本要素				
3	分析社会化用户群运营"四感"	能够针对某个成熟的社会化用户群分析并概述它在运营时如何带给群成员"四感"				
4	进行社会化用户群的分类	能够分析自己加入的社会化用户群的类型及其分类				
5	分析社会化用户群的营销价值	能够针对某个成熟的社会化用户群,通过上网查找资料,分析并概述它的营销价值				
序号	素质点自评	佐证	达标	未达标	达标	未达标
1	创新意识	能够在分析社会化用户群原有商业模式的基础上提出新的模式				
2	网络信息搜集能力	能够自主上网搜索有关社会化用户群及其营销的知识、案例,并与其他人分享				

必备知识

1．社会化用户群营销的特点

（1）互动性强

社会化用户群营销主要是让用户之间多沟通交流,如果社会化用户群中有几名忠实的用户,他们为产品建立了良好的口碑,那么对于第一次购买产品的用户,或者进了社会化用户群但还没有产生交易的用户,将会产生积极的影响。商家和用户之间的直接沟通也会对销售产生直接影响。

（2）情感营销

社会化用户群营销与其他营销不同,前者更看重情感。在这个营销过程中,商家需要与用户建立情感上的联系,需要与用户在陌生的状态下通过沟通交流逐渐成为朋友,需要用心去维护新、老用户,通过用心的服务促使用户下单。

（3）自行运转

在社会化用户群营销中，基本的运营工作做到位以后，商家不需要耗费很多精力就可以获得新订单，这是因为商家在服务用户的过程中，不知不觉地为品牌建立了口碑，用户会与商家进行良好的情感交流，会认为该品牌的产品质量好，服务也到位。

2．社会化用户运营的工作体系

社会化用户运营就是围绕用户生命周期，设计一系列动作，让他们有欲望尝试、产生购买的想法并持续购买，且愿意推荐给他人。通常的做法是将用户分层，对特定用户进行运营，提高他们的购买规模或贡献价值。

社会化用户运营主要是基于产品进行的，运营人员的工作是通过对用户反馈与用户行为数据进行分析，从策略层面制定方案，从而提高平台用户的活跃程度、转化率等，同时进行方案的执行、优化、跟进等。

社会化用户运营的三大工作体系：用户分层体系、用户生命周期体系、用户成长体系。

（1）用户分层体系

用户分层是指根据不同的用户价值、用户角色、用户行为等进行划分，以便通过定义用户角色、对不同的用户采取不同的运营策略提升用户价值。用户分层的本质是以用户价值、用户行为等为区分依据，对用户进行分层的精细化运营。

用户分层主要有两种方式，分别是按照用户价值分层与按照用户行为分层。

① 按照用户价值分层。不同的用户所蕴含的价值一定不同，对于转化能力强的用户和转化能力弱的用户的运营方式自然也会有差异。

例如，一个视频网站有普通用户、VIP 用户、超级 VIP 用户。对平台来说，超级 VIP 用户的价值一般更大，那么给这类用户的特权就会更多，从而为他们提供更好的使用体验；对于没有付费的普通用户，使用运营手段的主要目的就是刺激他们消费，将其转化为 VIP 用户或超级 VIP 用户。

② 按照用户行为分层。不同用户在产品中的行为路径也是不同的。还是以视频网站为例，有的用户喜欢在吃饭时看视频，有的用户喜欢在睡前看视频；有的用户喜欢看时间偏短的视频，有的用户喜欢看时间偏长的纪录片。对于不同的用户行为，运营手段也应有所不同。比如，对于喜欢看短视频的用户，所要销售的产品能否一直提供足以吸引用户的信息流内容呢？对于喜欢看长视频的用户，内容的节奏是否有吸引用户一直看下去的效果呢？所以对于不同行为的用户，也要采取不同的运营手段。用户行为分层示意图如图 1.6 所示。

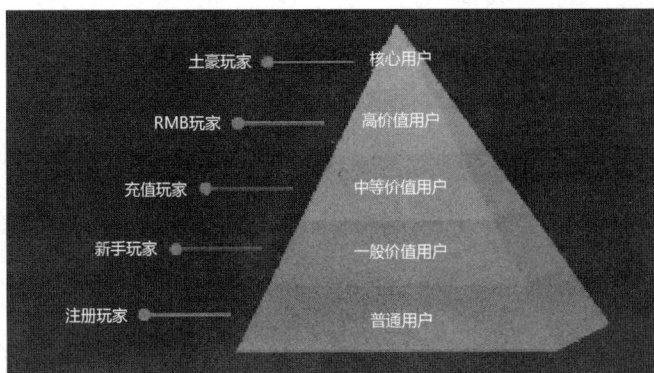

图 1.6 用户行为分层示意图（游戏行业示例）

（2）用户生命周期体系

用户生命周期是指用户从第一次接触产品到最后放弃使用产品的时间周期。好的营销是通过用户生命周期体系，延长用户的生命周期，让用户在产品使用期间获得更大的价值。用户生命周期有 5 个阶段：引入期、成长期、成熟期、休眠期、流失期。用户生命周期体系如图 1.7 所示。

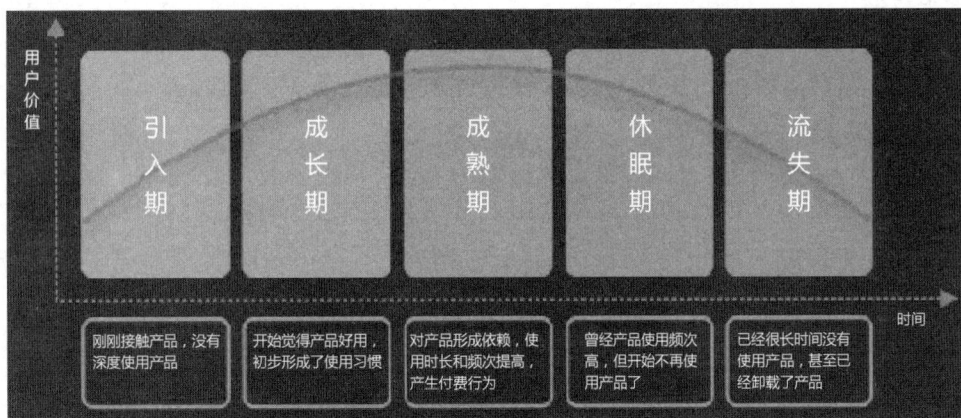

图 1.7 用户生命周期体系

① 引入期：用户刚与产品建立关系，关系还不稳定，如只是进行了注册，没有更多的操作，或者没有完成注册的主要流程。

② 成长期：用户与产品的关系慢慢稳定，也对产品有了进一步的了解，如用户已经体验完产品的核心功能，而且使用时长或频次在不断增加。

③ 成熟期：用户与产品已经建立稳定的关系，也养成了长期使用产品的习惯，如用户在一段时间内使用产品的频次大于一定数值。

④ 休眠期：用户与产品的关系开始动摇，如用户逐渐减少产品的使用频次，或有一段时间没使用产品。

⑤ 流失期：用户与产品脱离了关系，如用户连续多天没有使用产品。

（3）用户成长体系

用户成长体系的本质是通过设置激励策略激励用户，完成运营人员想要用户完成的行为，有效地留住用户，促使用户活跃，提升用户留存概率。

用户成长体系搭建流程如图 1.8 所示。

图 1.8　用户成长体系搭建流程

① 搭建用户模型：通过用户生命周期、用户分层，找到目标用户。

② 建立理想的用户路径：梳理用户路径，结合用户模型，确定需要激励的用户行为，建立理想的用户路径。

③ 激励用户成长：基于用户成长的过程，思考运营的方向。依据用户成长的运营方向，制定相应的激励行为策略，如单次行为/短期激励或多次行为/长期激励，利用这些策略激励用户成长。

3．社会化用户运营人员应具备的素养

（1）社会化用户运营职业能力分析

① 社会化用户运营属于交叉性学科，既有市场营销与新媒体学科的特点，又有电子商务学科的特点，单一的专业可能无法满足社交媒体企业的需求。社交媒体企业更需要兼具网络营销和新媒体特征的综合型人才。

② 社会化用户运营应该具备核心通用能力。通用能力是指无论在任何岗位上、在任何场景中，都适用的必备能力。通用能力是举手投足间的表现、阅历的沉淀、经验的总结，会潜移默化地影响人们做事的结果、影响他人的反馈，如语言表达能力、销售意识、管理方法等。

社会化用户运营职业核心通用能力包括基本职业素养及语言沟通能力、网络销售能力、新媒体营销推广能力、在线客户服务能力、网络创业技能等。未来的社会化用户运营市场需要的正是熟悉网络营销、新媒体运营及社会化用户群组织与运营的应用技能型复合人才。

（2）社会化用户运营人员需具备的综合素质（见表 1.3）

表 1.3　社会化用户运营人员需具备的综合素质

综合素质	素质要求
职业素质	具有良好的职业态度和职业道德修养，具有正确的择业观和创业观；坚持职业操守、爱岗敬业、诚实守信；具备从事职业活动所必需的基本能力和管理素质；脚踏实地、严谨求实、勇于创新
人文素养与科学素质	具有融合了传统文化精华与当代文化潮流的广阔视野；具有文理结合的科学思维能力和科学精神；具有健康、高雅、勤勉的生活情趣和工作情趣；形成适应社会核心价值体系的审美立场，掌握相关方法；具有个性鲜明、善于合作的个人成长、成才的素质基础
全局视野	具有全局意识，对于不同文化背景的人，能够理解他并且与之沟通；在竞争中善于把握机会，主动争取
创业意识	了解社会化用户运营对于社交媒体营销的影响，以及多渠道媒体营销背景下创业的特点、趋势、方法和技巧
社会化用户运营意识	充分认识到在互联网时代，营销行业"危"和"机"并存，社会化用户运营不再是一种营销途径和方法，而是一种营销理念
身心素质	具有一定的体育运动技能和生理知识，养成良好的锻炼身体、讲卫生的习惯，掌握一定的运动技能，达到国家规定的体质健康标准；具有坚韧不拔的毅力、积极乐观的态度、良好的人际关系、健全的人格品质

【案例 1-3】

茶叶店的用户群营销

一个经营了 20 多年的自产自销的茶叶店，由于周边有很多写字楼，老板就在店门口放置了一块很显眼的招牌，写着"免费喝茶"几个大字，店里专门腾出一块地方，摆着几张茶台，供商务人士洽谈使用，茶水完全免费，并提供 Wi-Fi、书籍、公厕等。

客人进店后，就能看到一个展架，上面的内容大致如下：消费金额满 99 元，即可参与一次抽奖，并赠送 500 元抵用券，还可以加入会员群，享受会员福利。

会员福利：

（1）会员群用户享受 8.8 折优惠。

（2）消费产生积分，积分可用于兑换茶叶或生活用品。

（3）会员生日当天消费得 5 倍积分，并赠送价值 288 元的茶叶 1 盒。

（4）会员群定期分享茶叶知识和茶文化。

（5）可不定期领取周边门店的优惠券。

（6）每周一、三、五都有一款特价茶叶，只限会员购买。

（7）每晚都有红包雨，手气最佳的会员当天消费免单；手气排在前五名的会员赠送优惠券（注：免单用户要将相应图片和文字在微信朋友圈中发布并标记位置）。

抽奖奖品：

特等奖：当次消费金额全免。

一等奖：价值 228 元的茶具一套。

二等奖：价值 128 元的保温杯一个。

三等奖：现金抵用券一张。

幸运奖：价值 10 元的玻璃杯（带过滤网）一个。

（注：中奖用户要将相应图片和文字在微信朋友圈中发布，并标记位置）

会员群定期做一些活动，如秒杀、红包雨、猜价等。老板每天都要管理会员群，挖掘群里的活跃用户，并将其发展为群主、小助手等，帮助自己管理会员群，并给他们一些福利。

定期找相关人士过来做分享，如茶文化、财经类知识等，然后与店里的客人聊天、喝茶。久而久之，好名声建立起来了，时常有用户经介绍找过来，客流量越来越大，生意自然而然就蒸蒸日上了。

拓展练习

从表 1.4 所示的 5 个方面分析一个你喜欢的社会化用户群的基本要素，并填写相关内容。

表 1.4　分析社会化用户群的基本要素

序号	项目	分析结果
1	社会化用户群的名称	
2	你喜欢它的原因	
3	这个社会化用户群是用什么方式营销的	
4	这个社会化用户群有哪些有价值的输出	
5	你对这个社会化用户群不满意的地方有哪些	

活动 1.2.2　感受社会化用户运营的知识要求

做中学

任务描述：选择你常用的 5 个用户群（微信群、QQ 群等均可），根据用户群的分类方法对其进行分类，并填写表 1.5 所示的相关内容。

表 1.5　社会化用户群的分类

社会化用户群的名称	依托的平台	社会化用户群的分类

思考：在进行社会化用户群的分类时，是否存在分类交叉的情况？

📅 必备知识

1．社会化用户群运营岗位人才的分类

社会化用户群运营岗位人才主要分为 3 类：管理型人才、专业型人才和商务型人才。

第一，管理型人才，如业务经理、副总经理、互联网运营总监等中高层管理人员。企业对这类人才的岗位要求较高，一般需要其具备对整个网站的宏观把控能力，如网站的整体框架建设、网络营销、数据库营销及用户管理等，还需要具备很高的市场敏感度和平台规划、建设、运营、管理等方面的丰富经验。

第二，专业型人才。对于文科编辑、翻译、文案、文案策划等岗位，企业要求应聘者来自英语或汉语类专业；对于视觉营销设计岗位，企业要求应聘者来自美术设计或艺术类、设计类相关专业；对于技术或网络维护等岗位，企业要求应聘者来自电子商务类、计算机类相关专业。

第三，商务型人才，如销售、推广、市场开发、运营专员等。经调研，这类人才既要懂产品、人力、运营、营销、策划、推广、客服的相关知识和相关业务，又要熟悉平台运作规则，语言沟通无障碍，具备市场营销、电子商务等专业相关知识的复合型人才。

2．社会化用户运营所需的核心知识

社会化用户运营所需的核心知识包括建立有效的社会化用户群、社会化用户群运营、线下活动、社会化用户群管理 4 类。下面通过对典型职业活动的分析，按照由简单到复杂的典型职业活动顺序，梳理社会化用户运营所需的核心知识及其主要内容，如表 1.6 所示。

表 1.6　社会化用户运营所需的核心知识及其主要内容

核心知识	主要内容
建立有效的社会化用户群	分析有效的社会化用户群的价值：建群调研，定位构思，价值设计； 制定社会化用户群规则：选择社会化用户群的使用工具，设计社会化用户群的结构，进行社会化用户群成员分工，设计群规则； 吸引并聚拢社会化用户群：分析社会化用户入群动机，吸引首批社会化用户，设计社会化用户聚拢方法、社会化用户习惯培养方法
社会化用户群运营	促进社会化用户群活跃：开展社会化用户群分享或讨论活动，设计打卡方式，设计抢红包活动； 打造社会化用户群品牌：设计标志，打造品牌文化，借力"大咖"打造品牌形象； 实现社会化用户群变现：制定社会化用户群变现策略
线下活动	线下活动策划：制定活动策划方案，制定活动流程表，制定活动流程推进表； 线下活动筹备：寻找合作方，选择场地，邀约嘉宾； 线下活动实施与复盘：进行活动实施记录、活动实施情况复盘
社会化用户群管理	搭建社会化用户群运营团队：搭建运营框架，制定人才选拔标准； 管理社会化用户群运营团队：制定培养新人的策略，留住团队核心成员，制定考核标准

【案例1-4】

小米公司是如何做用户运营的

小米公司非常擅长并且专注于以用户运营为突破口扩大公司的业务规模。小米公司的用户运营体现在每个业务环节里。

1. 生产环节——通过社区和新媒体打破产品设计与用户反馈的闭环

小米公司早就把用户的反馈加入产品迭代的策略中，比如工程师和产品经理会到论坛、官网等平台看用户的反馈，包括用户对产品功能的赞赏或批评、用户发现的bug（产品或服务中的缺陷）和对功能的建议。通过这样的方式，小米公司有了自己的"发烧友"和深度体验的用户。和用户有了这样的互动后，小米公司打造了"为发烧而生"的手机，不仅树立了很好的品牌形象，还吸引了更多喜欢移动设备的粉丝。综上，小米公司生产环节的用户运营做法如图1.9所示。

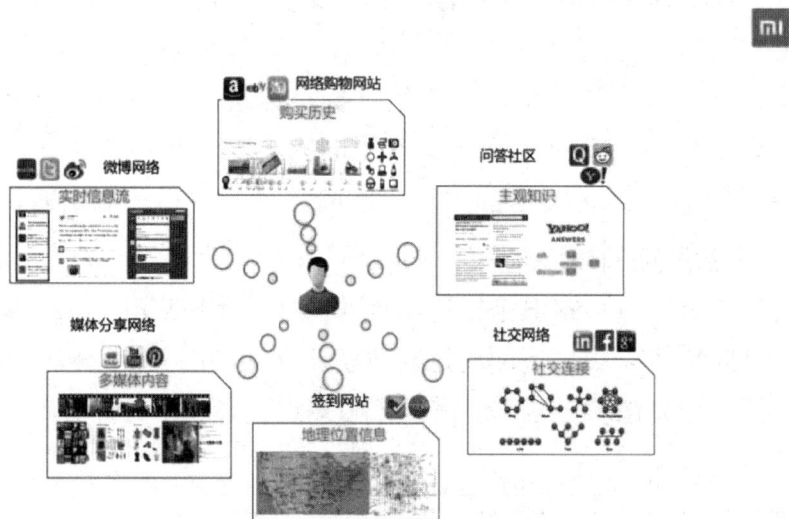

图1.9 小米公司生产环节的用户运营做法

2. 活动环节——引发用户对产品的思考和互动型传播

小米公司一直都非常重视用户的参与，如在发布小米路由器前，把它拆成了几个主要的零件，发给了部分"发烧友"。"发烧友"拿到手之后，很容易地就组装起来了，加上包装的精致度，在微博上引起了广泛的讨论。

小米公司对用户群有非常明确的划分标准，除了上面提到的"发烧友"，还有意见领袖用户。这些用户发表的一些相对比较专业的言论有利于引导其他人购买小米公司的产品；还有一部分用户是小米公司的普通粉丝，他们会参加小米公司的线下粉丝会，可能他们不是电子工程相关专业的，但他们认可小米这个品牌；剩下的就是一些跟风购买产品的用户。在不同的用户群里，小米公司用不同的运营策略和他们进行很好的沟通，逐渐建立了丰富的数据生态，如图1.10所示。

小米公司丰富的数据生态：硬件、新零售、互联网

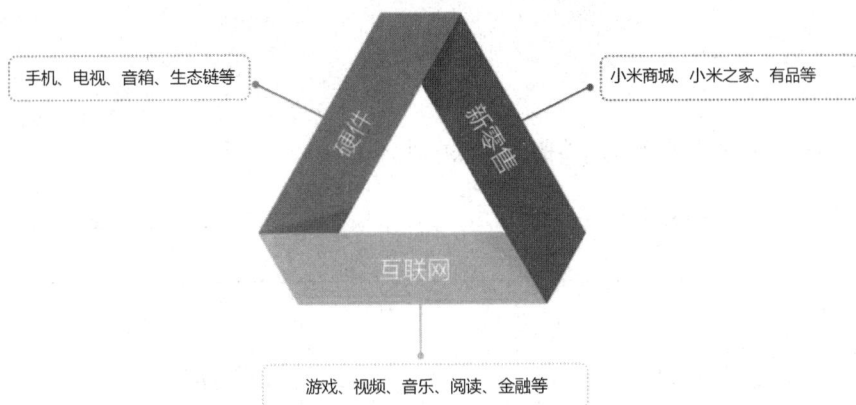

图 1.10 小米公司的活动环节

拓展练习

用户经济的未来

社会化用户群运营会越做越垂直，并且走规范化、团队化、商业化的运作路线。那么，用户经济未来会如何发展呢？

1. 社会化用户群垂直化

目前，线上、线下的各类社会化用户群越来越多，垂直社会化用户群（细分行业的群体）值得特别关注。其中，移动互联网下的主流商业生态是重度垂直的社会化用户群经济。社会化用户群的建立前提是用户有共同的喜好，因此，只有垂直才能屏蔽垃圾信息，产生足够的黏性和扩张性。

2. 社会用户群区域化

人的一切商业行为都与地点有关。在移动互联网时代，地点、场景化在营销中的应用变得越发重要。很多商家会将地点、场景化的营销集中到一起，进行商业运作。

约 80%的商业数据都是带有地理信息的。进行商业数据地理信息分析的目的就是把对的产品放在对的位置。选址分析专家就是帮助商家找到最有利的销售位置的人。位置营销从用户购买行为的角度可以分为引客上门、留住用户、促成交易 3 个关键环节。在社会化用户群运营过程中，选择特定位置可以引起特定用户群的共鸣，让营销更有效，也方便运营人员运作、组织活动等。

在信息过载的时代，新闻已经不再是刚需，真正的刚需是信息服务。由于用户的信息需求是本地化的，因此社会化用户群的内容应与用户的生活密切相关。

活动 1.2.3　感受社会化用户运营的技能要求

做中学

为一个校园兼职群制定交流规则和淘汰规则。

_____

_____

必备知识

1. 匹配的运营细分领域定制化能力

运营细分领域定制化能力是指基于特定的运营岗位，所具备的能够完成工作任务的能力和可以高效完成工作内容的能力，是社会化用户运营人员在运营通用能力以外的特长在纵深方向的体现，是其能更好地取得成功的专业能力。

运营细分领域定制化能力包括网感能力、文案能力、创新能力、创业能力、分析能力、抗压能力。

（1）网感能力

网感是指对时下热点消息的敏感度，以及对当前趋势的一种判断。所有的社会化用户运营人员都要有对时事、热点的敏感度，了解网民关注什么，对于网络语言、网络流行趋势有全面的把控能力。

（2）文案能力

社会化用户运营人员应具有扎实的写作功底，所写的文章应有缜密的逻辑；能够自由切换语言风格，适应不同的营销环境和素材。

（3）创新能力

"互联网+社交媒体"推动了营销手段的不断创新。社会化用户运营人员应当把握新媒体的特点，加强与用户的互动沟通，与用户建立良好的关系并致力于不断满足用户的需求。

（4）创业能力

此处的创业能力是指社会化用户运营人员拥有发现或开拓一个新的领域，致力于理解和创造新事物（新产品、新市场、新生产过程、新原材料，或者以新方法运用现有技术）的能力，能运用各种方法利用和开发新事物，并产生创新性成果。

（5）分析能力

社会化用户运营工作的一部分内容是数据运营。社会化用户运营人员要不断地在后台分析阅读、分享、留言、评论等数据，了解每条曲线的峰、谷出现的原因，预测趋势，并通过数据制定运营预案。

（6）抗压能力

此处的抗压能力是指社会化用户运营人员在外界压力下处理事务的能力。社会化用户运营人员需要不停地追热点、找素材、写文案、做推广。

2．社会化用户运营综合型人才的能力要求

根据社交媒体营销相关行业的发展现状与趋势，以及企业对社会化用户运营技术技能人才的需求，社会化用户运营岗位群对于完成产品或服务项目起重要作用。下面基于对具有代表性和完整性的职业活动进行的系统分析，明确企业对社会化用户运营综合型人才的能力要求，如表1.7所示。

表1.7 社会化用户运营综合型人才的能力要求

综合能力	能力要求
需求匹配能力	社会化用户运营链条冗长、环境复杂。社会化用户运营综合型人才要具备识别差异、需求及重塑运营链的能力，能够针对不同需求选择适宜的渠道，制定相关的运营策略，为不同行业、不同类型的用户提供与其需求相匹配的一系列产品及相关服务
高效整合能力	社会化用户运营是新一次社会化大分工的开始。社会化用户运营综合型人才需要基于企业的核心竞争力，通过生态圈进行高效整合，特别是在产品营销的过程中，为了实现目标本地化，需要对目标社会化用户群的流量引入、多媒体渠道营销、品牌知识有深入的了解，能够将这些知识整合到相关的各类本地化用户群中
团队管理能力	社会化用户运营综合型人才要具备识人用人的能力，能在内部甄选、培养用户运营人才；能从外部不断引进可满足社会化用户群发展需求的新鲜血液；具备团队管理能力，懂得如何留住优秀人才，营造适合人才发展的良好环境
政策/规则应对能力	社会化用户运营正处于发展初期，社会化用户群运营规则会持续发生巨大的变化。社会化用户运营综合型人才要及时了解新型营销体系，以及相关的政策、规则等方面的变化，对不同的社会化用户群营销情况及趋势有深入的理解和分析
主人翁意识，创业精神	作为新生事物，社会化用户群运营缺乏成熟的、定性的、行之有效的具体方法。社会化用户运营综合型人才要树立主人翁意识，发扬创业精神，敢于尝试、积极学习、勇于承担责任

【案例1-5】

知味葡萄酒

知味是一家专注于为葡萄酒爱好者提供轻松的葡萄酒文化、专业的品酒知识、实用的买酒建议和极佳的品鉴体验的创业公司。

自创立以来，知味的推广始终以社群为核心。通过专业、垂直的葡萄酒媒体内容和线下的葡萄酒教育体系，知味已成为国内较火的葡萄酒媒体，吸引了大量用户聚集到知味的葡萄酒文化社群里。

社群已经建立完成，运营应该怎么做？知味并不希望像传统方式那样，单纯地搜集所有用户的联系方式，群发广告。知味认为，社群营销是依赖个人偏好及消费行为特征所构建的群体，在增值服务方面，应适度规避"商业激励"，而采用"情感维系"，来升华用户与商家及品牌的关系。

知味能够通过采集用户数据并将其做成内容标签的方式，收集所有用户与知味的交互行为和其内容偏好。

用户不论是阅读了一篇微信图文、参加了一场品鉴会，还是购买了知味所推荐的葡萄酒或周边产品，知味都能记录下来。

通过足够长时间的数据搜集，知味可以对获取的结构化用户信息进行分类，并通过不同主题将用户组织到一起。

比如多次阅读意大利葡萄酒相关文章的用户，或者参加过知味组织的意大利葡萄酒品鉴会的用户，都会被邀请加入"知味意粉"小组。在这样的情况下，用户会以网状的形式陆续加入不同的小组。

这样一来，精准的分组使得社群的活跃度非常高，还为知味精准地向用户发送他们感兴趣的信息和产品营销内容提供了有效通路。

同时，基于用户数据系统，知味可以向用户发送个性化的促销信息。

比如，知味可以设定自动流程规则，让系统自动向最近一个月参加过入门级葡萄酒培训课程的用户发送中级葡萄酒培训课程信息。这样个性化、差异化的信息推送大大地提高了用户购买葡萄酒的可能性，也降低了信息推送的成本。

知味还使用了平台活跃度打分功能，使交互频繁的用户的活跃度分数上升。

对于活跃度不高的用户，知味会定向推送一些有"召回"目的的内容，以降低用户流失率。

拓展练习

提供社会化用户群价值还需要注意哪些问题

1. 要尽可能地抓住群成员的痛点

首先，要从社会化用户群（以下简称"用户群"）创始人的角度出发，分析建立用户群的目的是什么，希望通过用户群得到怎样的回报；其次，要从用户群参与者的角度出发，分析为什么要加入这个用户群，希望从中得到什么回报。对一个用户群来说，聚集在一起的群成员必须有一个共同的需求，而用户群必须能提供满足这一需求的服务。

2. 用户群的价值要具体，且有回报载体

如在一个团购群中，对群成员来说，该用户群的价值在于发现好产品、享受优惠价。因此用户群中的用户与企业之间要有互惠互利的共生点。一个健康并能长久存在的用户群既能满足用户的某种价值需求，又能给运营人员带来一定的回报，形成良性循环。只有运营人员和用户的需求都得到满足，用户群的自运营循环才能真正建立起来。

活动 1.2.4　技能训练：核心素养培养训练

学生根据本项目所介绍的社会化用户群及其运营的含义，分析用户群的有效价值，对用户群进行定位构思。通过独立思考、小组合作，将理论知识运用到实践任务当中的方式，培养学生完成社会化用户运营岗位典型工作任务的职业核心素养。

学生以小组为单位协同合作，进行建群调研，构思用户群的定位，分析用户群的价值，并尝试制定用户群规则、促使用户进群。各小组运用所学知识，共同完成实训任务。

1．建群调研

学生以小组为单位，在校园内进行调研，分析校园用户的网络行为特征、行为需求等，填写目标用户调研表。

具体活动：如表 1.8 所示。

表 1.8　小组具体活动

活动	活动步骤
1	每名学生独立思考调研该从哪些方面进行
2	小组内成员交流、讨论，听取他人意见，组织调研
3	小组代表在全班同学面前分享调研成果
4	小组再次优化，完成目标用户调研表

课堂讨论：你们想建立一个什么类型的用户群？用户群的性质是什么？你们想建立的用户群有没有持续发展的可能性？你们在建立用户群之前需要进行调研吗？需要进行调研的话，要从哪些方面进行？

目标用户情况调研：各小组根据想要创建的用户群性质和目标人群，进行建群前的目标用户情况调研，如男女比例、消费习惯、消费水平、经常浏览的网络平台等。这将为建立一个优质用户群提供有力支持。

调研表格填写：如表 1.9 所示。

表 1.9　目标用户调研表

调研内容	调研结果	结果分析
校园所在地区特点		
校园男女学生比例		
本校学生的消费水平		
本校学生的消费习惯		
本校学生喜欢去的网络平台/用户群		
本校学生在生活/学习/社交上存在的困难		
目标用户群的爱好		
其他		

2．用户群定位构思

学生以小组为单位，根据前期调研结果，共同讨论要创建的可以在校内运营的用户群的定位。用户群可以是读书群、自习群、游戏群、登山群等类型，可以实现后续的日常运营、线上/线下活动、商业变现等目标。各小组填写用户群定位表。

具体活动：如表 1.10 所示。

表 1.10　小组具体活动

活动	活动步骤
1	每名学生独立思考所建用户群的定位
2	小组内成员交流、讨论，听取他人意见
3	小组代表在全班同学面前分享讨论成果
4	小组再次优化，完成用户群定位表

课堂讨论：你想建立一个什么类型的用户群？该用户群针对哪一类人群？该用户群的定位是什么？做调研的过程中是否详细考虑过这一问题？你觉得有没有必要对用户群进行定位？如果有必要，那么有哪些重要作用？

定位表格填写：根据用户群的性质和目标人群填写用户群定位表（见表 1.11）。要求对用户群的类型、名称、目标、目标用户、价值需求点等进行逐一分析。完成此项训练后，各小组应能够对其他用户群进行定位分析。

表 1.11　用户群定位表

工作项目	分析结果	备注
用户群的类型		
用户群的名称		
用户群的目标		
用户群的目标用户		
目标用户在本群的价值需求点		

3．用户群的目标及输出价值分析

学生以小组为单位，对前期构思的用户群进行具体设计，先确定建立本用户群的 3 个核心目标，以及能给群成员提供的价值，并填写用户群的目标及输出价值分析表，如表 1.12 所示。

表 1.12　用户群的目标及输出价值分析表

建立用户群的目标	达到目标的方法	备注
用户群的输出价值	分析说明	备注

想一想：构建用户群对社会化用户运营有哪些重要意义？

训练感悟：影响训练效果的核心素养有哪些？在今后的运营知识、技能学习中，你将如何提升自己的职业核心素养？填写在表 1.13 中。

表 1.13　培养、提升职业核心素养的方法

核心素养	具体描述	培养、提升的方法
职业素质		
人文素养与科学素质		
全局视野		
创业意识		
社会化用户运营意识		
身心素质		

任务 1.3　认知社会化用户运营岗位

问题引入

大学应届毕业生在求职时往往会这样想：用户群运营企业的用人需求很大，招聘岗位也不同，自己适合什么核心岗位呢？不如自己定一个小目标：先从宏观方面了解跨境电子商务企业的岗位要求，再从微观方面了解核心岗位的主要职责与能力要求。

_____

_____

_____

你知道吗

无论是个人还是企业，要想进入社会化用户运营行业，不仅要对互联网和用户营销交易的各个环节及其具体流程有清楚的认知，还要清楚社会化用户运营行业中的岗位设置及对人才能力的要求。

社会化用户运营岗位较多，主要有销售、推广、市场开发专员，编辑、文案、文案策划，技术人员（网络维护等），风控专员，业务经理、业务副总经理，运营总监等。

活动 1.3.1　分析社会化用户运营流程及部门职责

做中学

你认为以下哪些组织是社会化用户群？试说明原因。

1．大一新生群。

2．读书分享会。

3．奔驰车的车主。

4．李毅吧。

📅 **必备知识**

1．社会化用户运营岗位分析

（1）服务运营类岗位

服务运营类岗位的职责是让用户有更好的服务体验。社会化用户运营本身就是产品或服务的一部分，如很多网络付费课程包含了录制的视频课程和用户群教学服务。除此之外，对现有用户群进行优化，既可以通过持续的迭代和改进提升用户体验，也可以围绕"服务"这一核心提高服务质量。

该岗位的职责还有提升用户对产品的满意度、维护产品口碑，如增强用户的黏性和信任感，对用户的课程完成率和产品口碑负责，提升用户的活跃度和满意度。这些都是典型的为了产品口碑而开展的工作，因为无论对于什么样的产品，产品口碑、品牌形象都是非常重要的。

（2）销售类岗位

销售类岗位的职责其实更倾向于在短期群体内向用户展示产品的价值，然后引导用户购买。可以简单地将其理解为利用用户群将目标用户聚集在一起，通过有效的用户群运营方式，把企业的产品卖给群成员。很多在线教育企业都会通过这样的方式推广、营销网课。

（3）资源对接类岗位

资源对接类岗位中的"资源"指的是平台提供的流量资源和创作者提供的内容资源。创作者提供良好的内容，平台则提供曝光的机会。这样做主要是为了提升群内用户的活跃度，让用户在群里聊天，实现资源的对接。同时，让用户能够长期留在群内，不断实现资源对接，从而确保用户群的价值。

例如，媒体平台会把一些创作者拉入一个交流群。这个群就可以被视为资源对接类的用户群。

以上 3 类岗位的工作人员均需围绕拉新、促活、留存、转化这 4 个阶段进行工作，如图 1.11 所示。

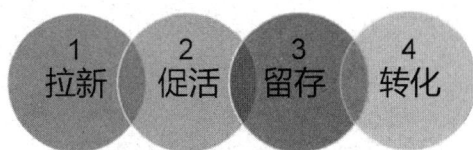

图 1.11　社会化用户运营的 4 个阶段

2. 社会化用户运营流程

运营在分工上可分为产品运营、内容运营、用户运营、活动运营、数据运营。无论哪一种运营方式，都要围绕为用户服务展开。

运营人员应根据市场行情，持续对本企业的产品和竞品进行分析总结；分析把控用户需求，对不同权限的用户进行再分析（包括对用户的分类、分级等）；分阶段地拉动用户数量的增长，最终达到成交转化的目的。

用户分析是指根据用户属性制订不同的运营活动计划和规则。

用户属性包括用户的年龄、性别、喜好、地域等。假设所要营销的产品或服务主要是针对女性的，那么在制定运营推广策略时，就可以直接把男性属性过滤掉。

不论什么产品和服务，用户增长都是必不可少的运营环节。因为企业要实现盈利就必须有成交转化，而成交的前提则是在产品和服务本身的质量优和价值高的基础上，有充足的用户。因此，企业需要对用户的行为进行分析，拉动用户数量的增长。可能的用户行为如图 1.12 所示。

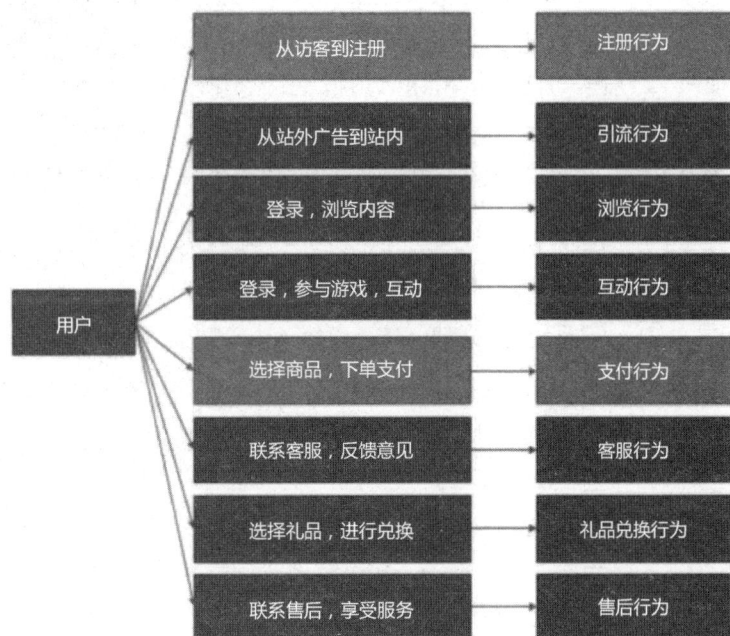

图 1.12　用户行为

3. 社会化用户运营岗位职责

社会化用户运营岗位是互联网行业当中比较热门的职位，需要从业者具有敏锐的市场观察力和分析能力，可以提供各种有创意的用户运营方案。其岗位职责如下。

（1）负责提升用户的活跃度，对不同类型的用户做好分类，并有针对性地对用户进行激励。

（2）对用户特点及其数据进行分析，制定有效的运营方案，并组织实施，做好监控。

（3）通过营销活动引导用户行为，提升用户的转化率，争取超额完成 KPI（关键绩效指标）。

（4）根据用户反馈，向上级领导提出建议，以及问题的解决方案。

（5）不断挖掘用户需求和新用户，使用户的数量和活跃度得到提升。

（6）与企业内部相关部门进行沟通，相互配合，和外部资源进行对接。

社会化用户运营岗位包括用户运营专员、用户运营经理和用户运营总监。岗位职责如表 1.14 所示。

表 1.14　社会化用户运营岗位职责

岗位名称	岗位职责
用户运营专员	1. 为企业提供方案，维护活跃用户、激活沉默用户，针对不同的用户类型设计有效的激励机制，提升用户的活跃度和留存率； 2. 以用户为中心，以数据为导向，制订运营计划，并有效拆解、实施和控制运营计划； 3. 以引导用户行为和提升产品指标为目标，负责线上及线下营销活动方案的策划、组织和实施，并对结果负责，进行效果分析，实现活动运营目标； 4. 对用户需求进行收集管理和归类分析，结合业务发展情况，提出企业的相关需求，制订计划并落地执行； 5. 持续挖掘用户需求，不断思考、探索增长点，对接、整合企业内外部资源； 6. 对有效的实施方案进行复盘和培训，将其复制到项目的其他独立团队
用户运营经理	1. 根据企业运营策略与目标，开展某地区的用户运营工作； 2. 结合用户调研、行业产品特点、企业产品运营策略与特点，制订用户增长计划并实施； 3. 对各项转化率负责，能够针对用户活跃度、黏性、新增等目标，策划并执行活动，并创作营销内容； 4. 分析用户数据与反馈内容，得出结论并形成用户分析报告或产品优化建议
用户运营总监	1. 全面负责平台用户端运营工作，构建用户关系管理模型，制定用户运营策略，创新用户活动，精细化运营会员体系，增强用户黏性，增加用户转化率，促进平台业务的增长； 2. 充分整合企业内外部资源，进行跨部门沟通协同，扩大影响力； 3. 监督用户运营策略的实施，及时调整策略，促进目标用户的活跃和留存，进一步推动业务发展； 4. 负责团队的组建及人员管理的工作，提升组织效能

【案例 1-6】

用户运营

用户运营就是吸引用户，留住用户，让用户对产品产生黏性，使其足够活跃并对产品做出贡献。

（1）吸引用户：运营人员向目标用户展现产品的核心价值，也就是在对用户需求进行充分研究和对产品价值进行提炼设计的基础上通过一些手段实现两者的良好对接。

（2）留住用户：在成功吸引用户使用产品的基础上，运营人员需要在前期一次次地引导用户认识到产品的核心价值和外延价值，让用户找到继续使用产品的理由，养成使用习惯，最终成为核心用户，从而对产品有所贡献。

产品的口碑依靠用户运营和用户传播，活跃度、留存率、转化率都依靠用户运营。了解用户想要什么的人往往是能不断优化产品、促进产品迭代的人。

1. 用户运营方式之一：分享红包

不知道从什么开始，在用户完成支付的那一刻就会有红包分享页面弹出来，而且越来越多的交易类平台把它当成标配，如大众点评、滴滴出行、小红书、饿了么等。分享红包页面如图 1.13 所示。

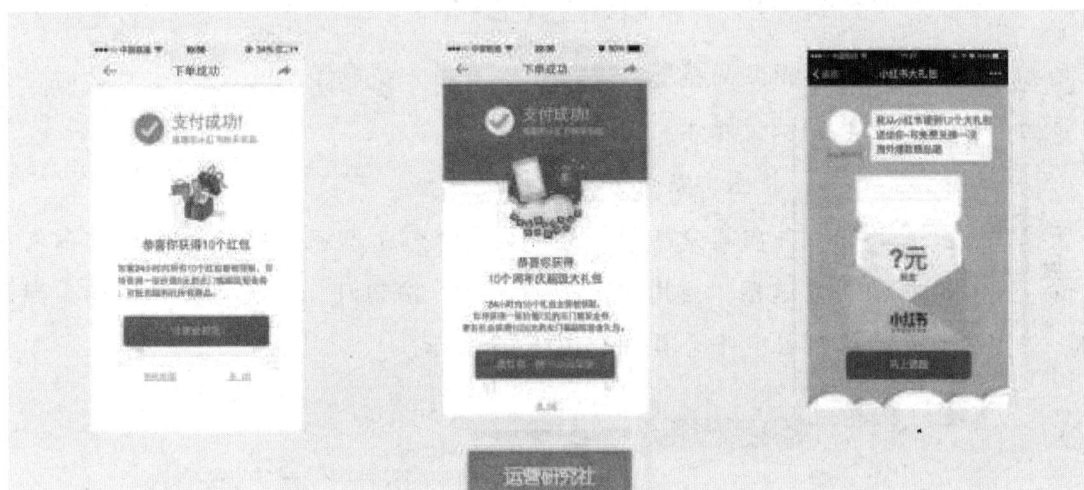

图 1.13　分享红包页面

"如果 24 小时内 10 个礼券全部被领取，你将获得 1 张价值 7 元的无门槛现金券，更有机会获得 10 000 元无门槛超级现金礼包。"

让人印象深刻的是小红书，因为它的文案不仅对发红包的人来说诱惑力十足，还吊足了领红包的人的胃口。在用户打开红包的那一刻，系统会提示用户先输入手机号码才能看具体是多少钱的红包，一步步地引导用户注册。

当然，把分享红包设计得有创意的还有滴滴出行和易到用车等打车服务平台。它们不时地配合明星和广告主的资源推出红包，总之市面上流行什么，它们就推出什么类型的红包。

2. 用户运营方式之二：生成图片

交易类平台的用户运营方式是分享红包，内容类平台的用户运营方式则是生成图片。目前将这种产品功能做得比较好的是网易云音乐和微信读书。

当用户看到一句对自己有用或者令自己感动的文字时，就可以长按屏幕选中它们，然后用生成图片功能快速地把这些文字变成一张精美、文艺的图片分享到朋友圈。生成图片页面如图 1.14 所示。

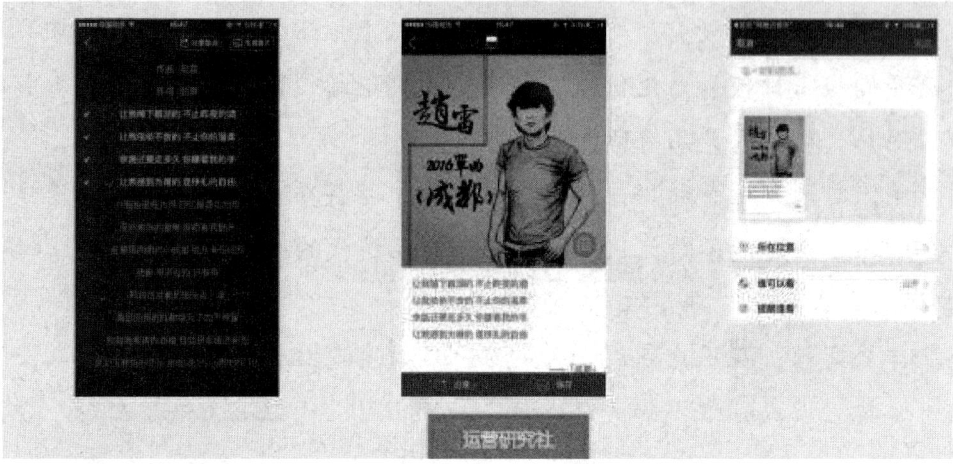

图 1.14　生成图片页面

与之相类似的是交易类产品的截图分享提示。当用户截取了 App 的某个页面时，系统就会弹出页面引导用户分享到社交媒体。

3. 用户运营方式之三：将图文默认分享到社交平台

为了让用户把产品的相关内容分享到社交平台，并带上回流链接，App 往往在发帖页面默认勾选"同步到微博"复选框，当用户点击"发布"按钮时，系统就会自动弹出微博的分享界面。将图文默认分享到社交平台页面如图 1.15 所示。

图 1.15　将图文默认分享到社交平台页面

在早期使用这种方式推荐产品，确实可以每天在社交平台上获得不少回流用户。

⚙ 拓展练习

罗辑思维：让用户成为商业节点

不少人认为罗辑思维是靠内容引流、靠广告变现的媒体平台，但罗振宇并没有打算靠视频广告挣钱，微信、微博里的高活跃用户才是他更看重的。建立用户群，是为了让人与人之间产生联结，从而嫁接资源，产生商机。罗振宇要让每个人靠自己在朋友圈这个小领域的权成和信任形成资产。

首先，罗辑思维将目标用户定位为"85 后"白领。这类人群有共同的价值观，并渴望在用户群中找到精神上的优越感。罗辑思维推动用户独立思考，并为用户提供捷径，提高用户的独立思考能力，激发用户的动机并养成分享的习惯。

其次，罗辑思维的用户是向外部扩散的。例如，借助"罗胖售书活动""众筹卖月饼活动""柳桃的推广活动"等，用户群里的人可以对外销售产品，从中得到回报。更重要的是，那些有能力、有才华的用户可以在其他用户面前展示自己，靠自己的禀赋获得支持，形成一个新的节点。这使罗辑思维既有内容互动，也有精神上的价值输出。

最后，罗辑思维还养成了用户的付费习惯。罗辑思维将用户群做得风生水起，可圈可点，为很多内容平台提供了很好的转型方向。

活动 1.3.2　明确社会化用户运营岗位的要求

做中学

什么样的用户运营才算合格呢？人们经常听到"用户运营""产品运营""用户群运营"，该如何区分这三者？它们之间有什么样的关系？用户运营需要数据吗？请列举说明。

_____

_____

_____

必备知识

1. 用户运营的核心

（1）用户运营、产品运营与用户群运营的区别

用户运营就是围绕用户做一系列的运营，本质是提升用户价值和延长用户生命周期，最终的核心目的是用户付费转化（复购）。用户运营侧重于对用户后续一系列的留存、促活及转化的运营。

产品运营就是通过用户运营的手段，将用户运营的机制产品化的过程。

用户群运营严格来说也是用户运营的一种手段，通过用户群这种强联结和强服务的形式促进用户转化。当用户运营的模型成熟后，可以将小规模的用户群运营手段变成产品化的运营机制，从而更好地进行精细化运营。

（2）数据是运营的基石

问题最初的提出和解决都要从数据出发：从数据中发现问题，最终回到数据中看问题是否得到了解决；数据是衡量运营手段的核心标准。

2. 用户群营销对企业的影响

（1）企业处于进入期

企业需求：协调产品设计、生产、销售之间的关系，充分进行市场调查，确保产品符合市场需求、具备竞争优势。

用户运营的作用：可通过用户群进行需求调查、竞品调查等，加速形成企业品牌特征，有效促进品牌建设的落地。

（2）企业处于成长期

企业需求：市场对企业的产品与品牌已经熟悉；企业的产品已具备一定的知名度，需要撬动更多的潜在用户，使其购买且复购；广告策略将进入扩大市场覆盖率与提升市场渗透率的阶段。

用户运营的作用：快速收集用户反馈的信息、落地促销策略、获取市场动态，建立产品价值、品牌优势，深度挖掘众多忠诚用户的价值与需求，使品牌与用户形成良性的结合与循环裂变。

（3）企业处于成熟期

企业需求：市场中企业的产品销量基本达到最大值，占有率趋于稳定，需求增长缓慢，市场逐步进入饱和状态；品牌之间的竞争加剧，市场呈现供大于求的状态，用户在挑选产品时的要求随之提高，企业对成本、服务、售价的竞争越发明显。

用户运营的作用：通过用户精细化运营，完成产品的重组、改良、拓展，进一步推进服务的高效落实；忠实用户可提供竞品情报，让企业抢占先机，撬动竞争者的市场份额。

（4）企业处于衰退期

企业需求：企业的产品与品牌进入衰退期，原有产品根据市场情况将会缓慢或快速退市，并面临变革与更迭的抉择。此阶段会出现产品需求量下降、销量降低或滞销的情况。

用户运营的作用：用户群作为品牌在网络上的用户聚集地，将为企业提供可靠的老用户与口碑支撑。在用户群中，可以进行企业新产品或跨领域新产品的宣传。

3. 社会化用户运营岗位要求

工作内容：以用户为中心，挖掘用户需求，设置运营活动的规则，制定运营策略与目标，达成运营目标。

需要具备的能力：沟通表达能力；敏锐感知用户需求的能力；共情能力和同理心。

需要具备的条件：喜欢和用户打交道；能洞察用户的需求，清楚用户的痛点、爽点、痒点；自我驱动性强，以结果为导向。

社会化用户运营岗位要求如表 1.15 所示。

表 1.15　社会化用户运营岗位要求

岗位名称	岗位要求
用户运营专员	1. 在互联网行业有 4 年以上用户运营策划经验，有多项成功的运营案例； 2. 具有敏锐的市场洞察力和分析判断能力，思维和表达有严密的逻辑性，对各种难题能有结构化的分析，并能提出解决方案； 3. 对用户满意度、留存率负责，收集投诉、意见等反映各方信息及数据的反馈，直接参与到产品设计、用户运营等相关工作中，能发现问题、分析问题、解决问题； 4. 充满创意，具有优秀的策划、包装和价值阐述能力、优秀的文案功底； 5. 具有结果导向思维，富有激情和创新精神，把困难当成挑战而非瓶颈； 6. 熟悉微信公众号、小程序、企业微信运营方法和策略，能熟练进行用户群维护和管理
用户运营经理	1. 具有 1～3 年翻译、语言、社区、知识付费等移动互联网产品的用户运营经验； 2. 熟悉用户体系、了解用户需求，能够针对用户需求进行合理拆分与利用，并落实为可执行的运营方案； 3. 对用户运营有一定的个人见解，有成功的运营案例； 4. 有较强的文字功底，熟悉并擅用社会化媒体营销及运营手法
用户运营总监	1. 本科及以上学历，具有 8 年以上互联网工作经验和 5 年以上用户运营经验，有 O2O（Online to Offline）领域相关工作经验更佳； 2. 对数据敏感，能发现事物的本质，主动创新； 3. 有较强的领导力，能通过有效管理，提升组织能力，培养优秀人才； 4. 具备很强的沟通能力和团队合作精神，工作积极性高

【案例 1-7】

大 V 店：让用户赚钱的社群电商

大 V 店可谓用户群电商成功案例中的佼佼者。该社群以亲子阅读为精准切入点，采用帮妈妈们创业开店获取佣金的模式，让社群成为自我循环的生态平台。

社群定位方面：在母婴领域，妈妈们爱分享关于孩子生活的点滴，也乐于接受其他妈妈推荐的产品，在基于人群的推荐方面具有天然优势。再加上许多全职妈妈本身有缓解家庭经济压力的需求，大 V 店开始鼓励妈妈们自己创业开店。

社群管理方面：除逐步用工具和 App 实现产品化，大 V 店还以地域为划分标准，建立了涵盖全国多个省份的 V 友会。大 V 店通过内容活动发现 V 友会中的意见领袖，并将她们培养成社群助手，负责 V 友会的日常管理工作。

在不到两年的时间内，大 V 店便获得了"洪泰基金天使轮""金沙江创投 A 轮""光速安振 B 轮"的投资，又获得迪士尼旗下"思伟投资领投的 B+轮"数千万美元的融资，注册用户数 500 万人左右，妈妈店主人数将近 70 万，月销售额超过 1.5 亿元。

⚙️ **拓展练习**

1. 控制用户人数的重要性

进行用户运营，是不是群里的人越多越好呢？

要树立一个这样的观点：群成员的数量要和群管理员的规模成正比。例如，可以设置 1 个管理员带 30 个群成员，如果群里有 5 个管理员，那么群成员就不得超过 150 个人。牛津大学著名的人类学家罗宾·邓巴提出过"150 定律"，即人类的智力允许人类拥有稳定社交网络的人数是 150 人，精确深入交往的人数是 20 人。这些是由大脑新皮层的应对能力决定的，过量的人和信息会导致低效的传播，提高获取信息的成本。所以，对于用户群成员的人数，也要进行合理控制，人数不在多，活跃就好。

2. 进行用户分层的意义

分层管理，一方面，是为了让用户群有序地高效运转；另一方面，是为了提高用户群的活力，让群成员产生积极性。分层的作用在于给予每个人相应的地位和角色，并且让他们了解上升通道，使他们为了在用户群中晋升而不断努力。当有人成为特权人士后，他一定会参与到用户群的维护中，成为用户群的核心拥护者。如果对所有人一视同仁，奉行平均主义，就会让用户群的活力快速下降。

想一想：

1. 为什么用户群在进行定制营销的时候是有优势的？

_____

2. "用户群经济是未来商业发展的必然趋势"。说说你对这句话的看法。

_____

活动 1.3.3　技能训练：撰写社会化用户运营职业生涯规划书

训练准备：

1. 利用搜索引擎及各大信息类网站搜索企业对用户运营岗位的需求。

2. 了解用户运营岗位的主要职责、能力要求、素质要求。

3. 结合用户运营岗位的综合要求，思考个人的职业目标（3 年或 5 年）、大学期间的学习目标与行动计划（包括自我评估、职业生涯机会评估、职业发展目标、职业生涯发展路线、行动计划与措施、评估与回馈）。

训练内容：绘制社会化用户运营职业生涯规划书的思维导图，围绕你的职业生涯规划或学习目标与行动计划展开；根据思维导图撰写规划书。

训练评价：如表 1.16 所示。

表 1.16　训练评价

项目	学习态度（20%）	团队合作情况（20%）	步骤完成情况（50%）	其他表现（10%）	小计（100%）	综合评价
小组评分（30%）						
教师评分（50%）						
自我评分（20%）						
综合得分（100%）						

思政园地

2022 年"微芒成阳"芒果公益助学季温暖开启

1. 芒果公益平台推出公益助学活动

为了吸引全国的热心公益用户通过网络以轻量、便捷、快乐的方式参与公益助学，2022年 7 月 16 日，芒果公益平台推出了以"种'夏'微芒·闪耀青春"为主题的公益助学活动。

芒果公益平台通过 H5 页面展示助学公募项目，邀请热心用户为身处困境的学子加油助力，当总助力值达到设定值时，即可开启第二阶段的互动有礼活动。进入第二阶段后，用户在浏览公益项目、完成活动任务、参与公益活动的同时，还有机会赢得芒果 TV 会员卡、小芒电商平台礼券、助学大礼包等互动礼品。

2. 线上与线下联动，推出助学故事公益展

2022 年 7 月 16 日—8 月 20 日的每个周六，芒果公益平台联合长沙世界之窗推出 2022"微芒成阳"助学故事公益展，通过"线下展览+游戏互动"的方式向用户呈现助学项目背后的故事，吸引更多人关注乡村儿童，关注身处困境的学子，为他们提供社会的爱心资源，给予他们关怀与帮助。

本次助学季活动也吸引了小芒电商等多家爱心企业的加入，当时，用户可以在这些爱心企业的线下门店看到 2022"微芒成阳"芒果公益助学季的公益宣传，并可随时扫码参与。

3. 集结群星倾情呼吁，传递积极励志的正能量

《乘风破浪》第三季、《声生不息》的艺人及湖南广播电视台的多位知名主持人为助学季活动"打 call"。

芒果公益平台推出系列助学故事海报，发布助学视频专题，发挥芒果 TV 在国内新型主流媒体中的优势，利用全平台、立体式、多渠道的传播资源，讲述励志的助学故事。

云南少数民族女孩金子怡得到"情暖少数民族女孩"项目资助，重返校园，继续学习深造；来自大凉山的地门妹妹得到"授渔计划"乡村助学项目资助，已经走出大凉山，走上了北京的舞台，并且走进了大学的校门，之后，她在凉山州喜德县的一所幼儿园支教。

"不害微芒，造炬成阳"是 2022"微芒成阳"芒果公益助学季的缘起，相信小小的善举就如微小的光芒一样，虽然微弱，却终会汇聚成爱的光束，如太阳一样明亮。正如被"微芒"照亮的地门妹妹，在凉山州将光亮传递给更多小朋友。

项目 2

目标用户特征分析

思维导图

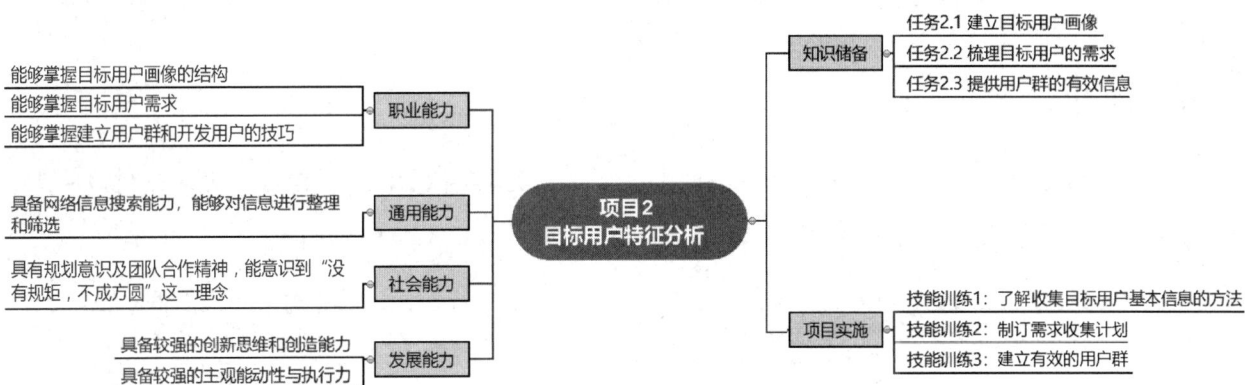

学习目标

【知识目标】

（1）熟悉目标用户基本信息的组成。

（2）掌握目标用户画像的结构。

（3）熟悉用户群定位规则。

（4）掌握目标用户需求。

【技能目标】

（1）能够进行用户信息搜集。

（2）会进行群成员快速开发。

（3）能够建立有效的用户群。

【素质目标】

（1）创新意识：能够在分析目标用户特征方面提出新的观点。

（2）网络信息搜集能力：能够自主上网搜索有关用户画像的知识、案例，并和其他人分享。

分析目标用户的特征是数据化运营在企业实践中较普遍、频率较高的业务分析需求，原因在于数据化运营的第一步（基础步骤）就是找准目标用户、目标受众群体，然后才是制定相应的运营方案，提供个性化的产品与服务等。

在目标用户的典型特征分析中，业务场景可以是在试运营之前的虚拟特征探索，也可以是在试运营之后对真实运营数据的分析、挖掘与提炼，两者目标一致，只是思路不同、数据来源不同。

本项目主要有 3 个任务：建立目标用户画像、梳理目标用户的需求、提供用户群的有效信息。

任务2.1　建立目标用户画像

📋 问题引入

很多人容易混淆目标用户画像与目标用户标签，其实目标用户画像比目标用户标签包括的内容更多、范围更广。你知道什么是目标用户画像吗？

_____

_____

👥 你知道吗

女性、居住地北京、"80后"、白领、收入较高、喜欢晚睡、常游泳与做瑜伽、未婚、喜欢看电影、有车、喜欢去西餐厅、关注时尚内容……这些都不是真正有效的目标用户画像，而是标签。目标用户是男是女、是哪里人、收入多少、是否在恋爱等可能都会影响目标用户的消费能力，但是这个影响可大可小，如果以此作为目标用户画像，精准度是不够的。

活动 2.1.1　熟悉目标用户基本信息的组成

🔍 做中学

"目标用户"（target user）这个概念源于市场营销，在精准营销、定位方面比较常见，如在科特勒的《市场营销》、特劳特的《定位》中，都出现过 target user。不过在传统营销阶段，信息的传播多是单向的，即商家向消费者传播。在互联网领域，由于信息传播更加透明，商家和消费者沟通更多，所以产品的使用者被称为用户。那么，如何找到目标用户呢？

必备知识

1．用户细分群体

市场/运营的用户画像更多的是对用户分类——用户群体特征的划分，比较关注的是在推广、活跃、留存、付费等关键指标和关键行为指标上的反映（如电商的产品推荐、社交网站的广告等场景中用户的相关表现）。使用较多的方法是打标签，进行关联、归因分析。指标可能侧重于行为习惯（内容偏好、时间偏好、设备特征）、动机和态度等。输出物要根据项目的不同，做不同的用户分类。

输出物：如网易分类，如图 2.1 所示。

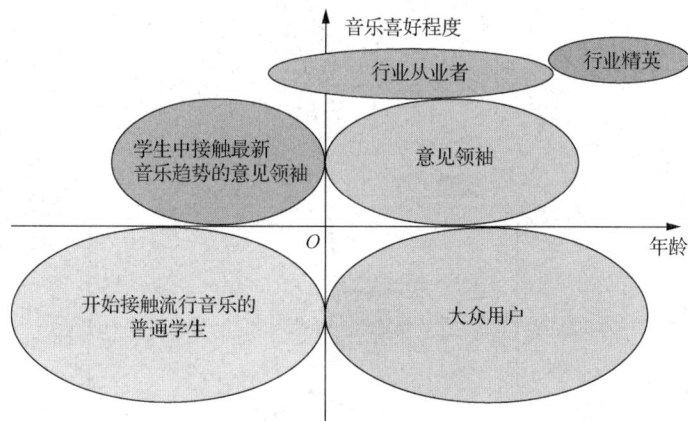

图 2.1　网易分类

用户特征的主要信息为身份信息、健康数据、兴趣爱好、工作信息、财产数据、信用度、消费信息、社交圈子、活动范围、生活方式和态度十大类。

身份信息：姓名、性别、年龄、家乡、身份证号、用户账号、家庭信息。

健康数据：基础身体情况、医疗记录和运动数据。

兴趣爱好：饮食、娱乐、运动等方面。

工作信息：公司、职位、薪酬和同事。

财产数据：存款、股票、动产、不动产和其他贵重物品。

信用度：由信用机构提供的征信记录。

消费信息：浏览记录、消费记录（含产品类型、购买时间、购买价格和收货地址）和消费水平。

社交圈子：通讯录（含好友、同事、同学和亲戚）和社交动态（含线下和线上）。

活动范围：出行记录、主要活动范围和旅游足迹。

生活方式和态度：习惯的生活节奏、事项、生活和消费态度。

根据业务的不同，可以加一些自有产品的特色流程数据和用户动机。

2．用户角色画像

用户角色画像用到的更多是用户角色——用户个性特征，关注用户的目标、行为和观点、人口统计信息、生活方式等。

3．认识目标用户的6个角度与两个阶段

提到用户信息，人们就会联想到很多维度。然而这些维度不都是有用的，针对设定的目标，需要有特定的用户信息。观察用户时，信息越多、越真实，越能做出有效的分析。实际工作中，可通过如图2.2所示的6个角度与两个阶段认识目标用户。

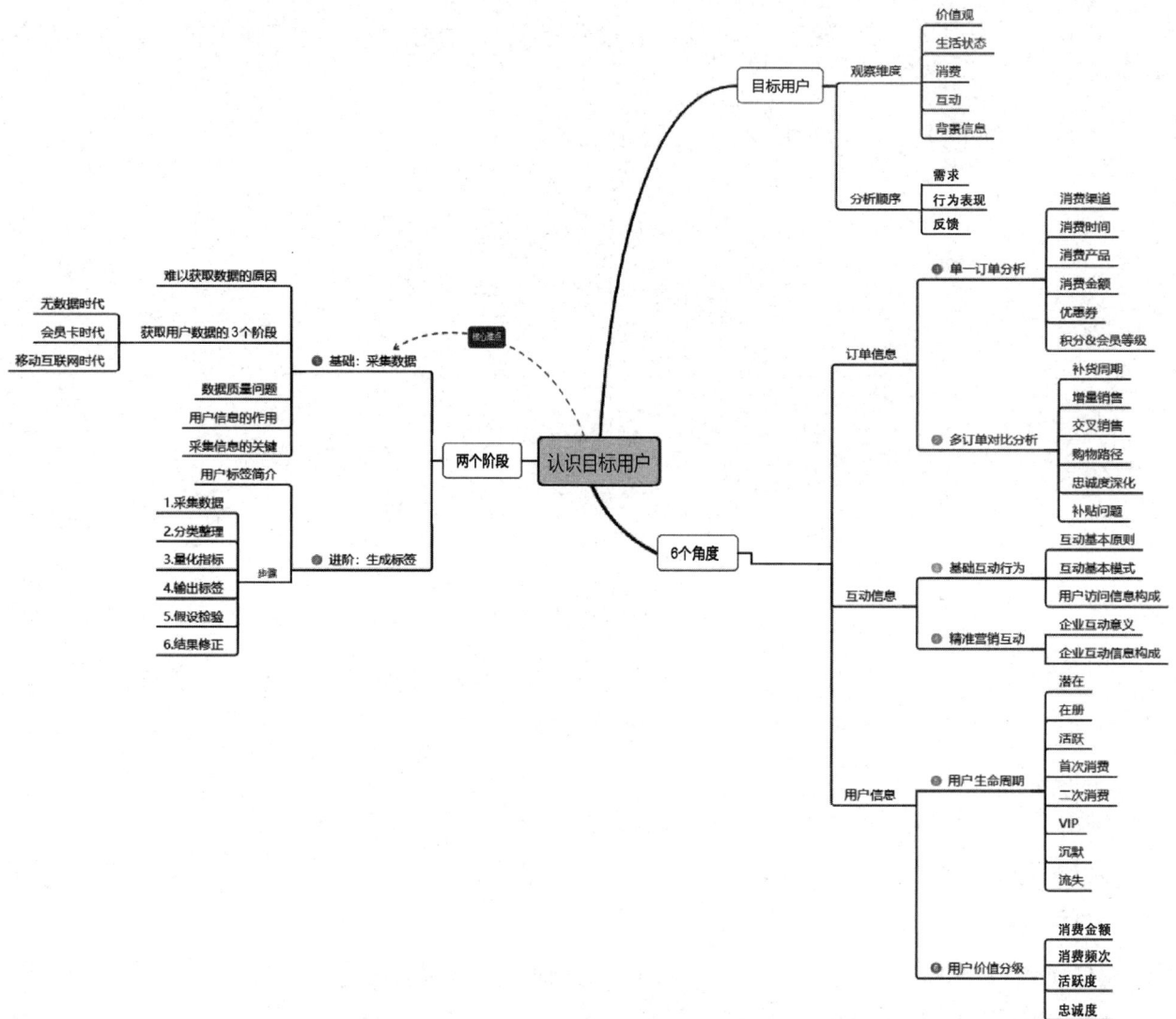

图 2.2　认识目标用户

【案例 2-1】

中国工商银行的用户识别分析

中国工商银行作为 IDIC 模型［一种客户关系管理模型，包括识别（Identify）、区分（Differentiate）、互动（Interact）、定制（Customize）过程］的第一批用户，对该模型很重视并做了很大的优化。中国工商银行的各项业务，如个人业务、公司业务、银行卡业务（含存款业务、贷款业务、金融业务、国际结算及贸易融资业务）等，都要求银行对用户进行充分、细致的了解。每个重复进入银行的用户都能够被银行系统或工作人员识别，进而提供下一步的业务服务。

中国工商银行对于其用户信息的收集渠道分为直接渠道和间接渠道。与用户直接交谈和对其进行调研、在营销活动中收集用户信息、通过售后服务获得用户信息、通过网站收集用户信息，这些都属于直接渠道。通过公开出版物和专业咨询公司的报告获得用户信息属于间接渠道。

中国工商银行通过其识别用户的标志，能够很好地对用户进行辨认，用户不会因为该银行不能对其进行识别而表示不满。中国工商银行通过对用户信息进行综合整理，将用户识别信息综合运用到银行商业活动的各个方面，从而方便了用户参与银行与其他用户的关系建设。此外，中国工商银行对用户信息进行联网处理，一方面方便了用户随时随地的服务需要；另一方面帮助银行留住了用户。这是个双赢的方法。在用户信息更新方面，中国工商银行能够"与时俱进"，及时捕捉用户服务需求的变化，觅得商机。

重要的是，中国工商银行有信息保密意识，建立了相应的制度体系，进行了分级管理，严格审查用户信息的真实性，避免了用户信息的泄露，保护了用户信息的安全，从而赢得了用户的信赖。

拓展练习

打开搜索引擎，输入关键词"精准识别目标用户"进行搜索，了解更多关于目标用户的相关知识和案例。

分组讨论，整理讨论的内容，形成一份以某个典型案例为主的目标用户分析文本，各组之间分享成果。

活动 2.1.2　掌握目标用户画像的结构

做中学

如果你是一个电商平台的负责人，现在需要销售 100 种品类的产品，那么该给用户精准推荐什么产品？

如果你要给用户推券，要提高券的 ROI（投资回报率），那么该给什么样的用户推券？

如果平台用户严重流失，那么要如何分析哪些用户流失了？怎么挽留？

以上 3 个业务场景，要用到建立用户画像的方法。请搜索相应的方法。

_____

_____

_____

📅 必备知识

用户画像作为当下描述、分析用户及进行运营、营销的重要工具，为互联网行业的人所熟知。用户画像的定义并不复杂，是指系统通过用户自行上传或埋点上报收集、记录用户的大量信息，为便于各种业务应用，将这些信息进行沉淀、加工和抽象，形成一个以用户标志为关键要素的标签树，用于全面刻画用户的属性和行为信息。

用户画像这种结构化的用户信息加工方式在极大程度上做到了完整、全面且直观地刻画用户。画像如同用户的档案，便于人工使用、机器输入和算法理解。简而言之，用户画像是由标签树及末级标签的标签值构成的，全面、定量地刻画用户的结构化信息产品；用户标签是具体刻画用户的结构化信息。

1. 用户画像的含义

艾伦·库珀（交互设计之父）认为，人物形象是目标用户的一种具体呈现形式（Personas are a concrete representation of target users），即用户画像是真实用户的虚拟代表，是建立在一系列真实数据之上的目标用户模型。通过用户调研了解用户，根据他们的目标、行为和观点的差异，将他们分为不同的类型，然后从每种类型中抽取出典型特征，赋予名字、照片、人口统计学要素、场景等描述，就形成了一个用户画像。一些大公司很喜欢用画像做用户研究，如微软、腾讯等。

2. 建立用户画像需注意的内容

建立用户画像是为了让团队成员在产品设计的过程中抛开个人喜好，将焦点集中在目标用户的动机和行为上，进行产品设计。因为产品经理为具体的人物做产品设计要优于为其在大脑中虚构的东西做设计，也更容易。但应特别注意以下内容。

（1）用户画像要建立在真实的数据之上。

（2）当有多个用户画像的时候，需要考虑用户画像的优先级。通常不建议为超过 3 个的用户画像设计产品，这样容易产生需求冲突。

（3）用户画像需要不断修正。

用户画像和用户的生活方式息息相关。例如，用户使用手机浏览器的习惯和其生活方式（尤其是喜好、层级）息息相关。因此，用户画像一般需要具备的元素如下：名字、照片、年龄、家庭状况、收入、工作、用户场景/活动、计算机技能/知识、目标/动机、喜好、人生态度。由于其中的多个元素都会随着时间的推移发生变化，因此需要不断修正用户画像。

【案例 2-2】

神策数据——赋能企业数字化运营的用户数据资产管理平台

神策网络科技有限公司（简称神策数据）通过打通多源数据，识别唯一用户，帮助企业构建用户标签及画像体系，赋能业务，实现用户精细化运营和精准营销。其用户数据管理平台如图 2.3 所示。

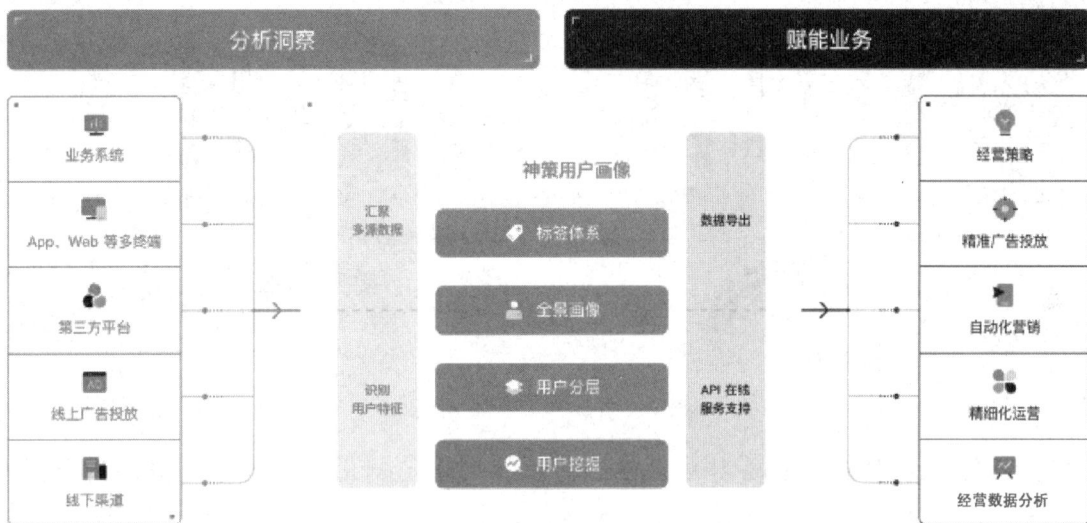

图 2.3　用户数据管理平台

1. 整合数据资产，构建标签体系，赋能企业数字化运营

多源数据的整合：汇聚多源数据（主要包括用户行为数据、广告投放数据、经营数据、管理数据等），通过整合加工，完成用户的统一识别，构建完整的用户视图，如图 2.4 所示。

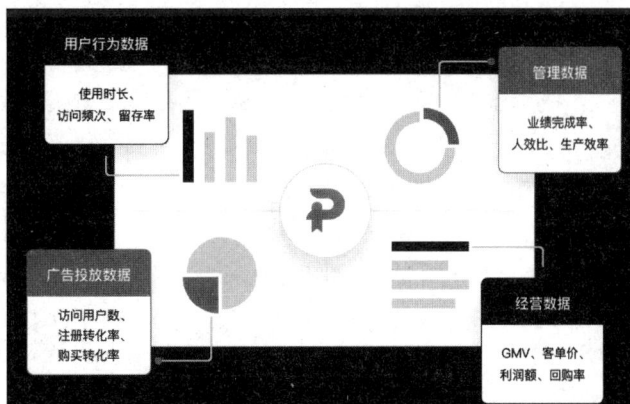

图 2.4　用户视图

构建完善的用户标签体系：通过可视化的交互方式，结合业务场景需求，自动创建和维护用户标签，摒弃杂乱陈旧的用户标签，轻松构建完善、动态的标签体系。

2. 生成全景画像，还原用户的真实面貌

目标用户群画像：勾勒细分群体的特征偏好，结合 TGI（目标群体指数）准确洞察其消费偏好等显著特征，助力精准营销和精细化运营。目标用户群画像如图 2.5 所示。

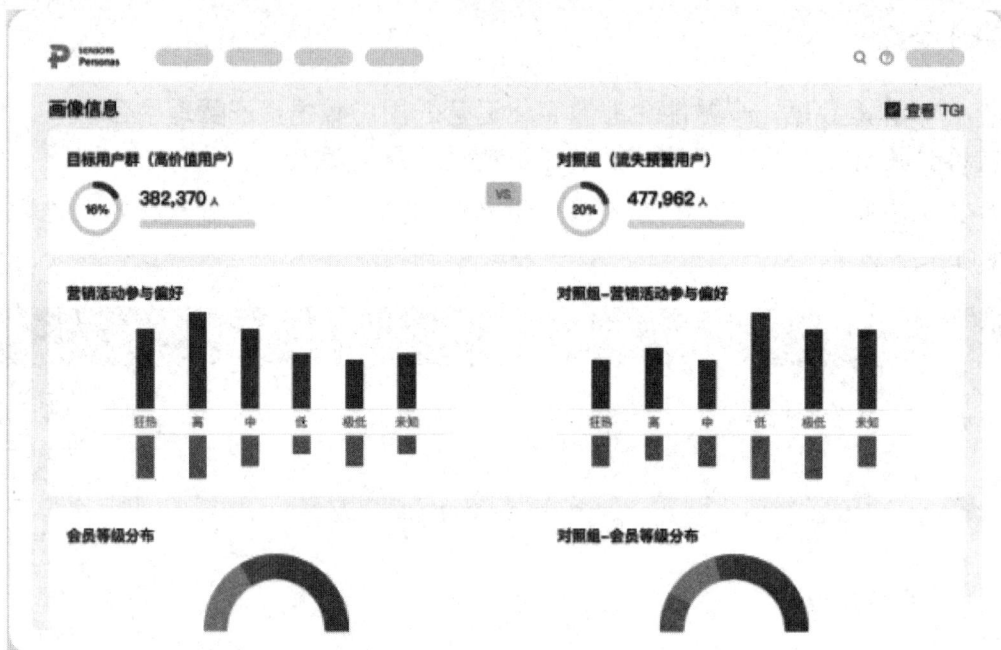

图 2.5　目标用户群画像

单用户画像：精准定位重要用户的核心需求，实现定制化服务，从而提高用户满意度、提升用户全生命周期价值。单用户画像如图 2.6 所示。

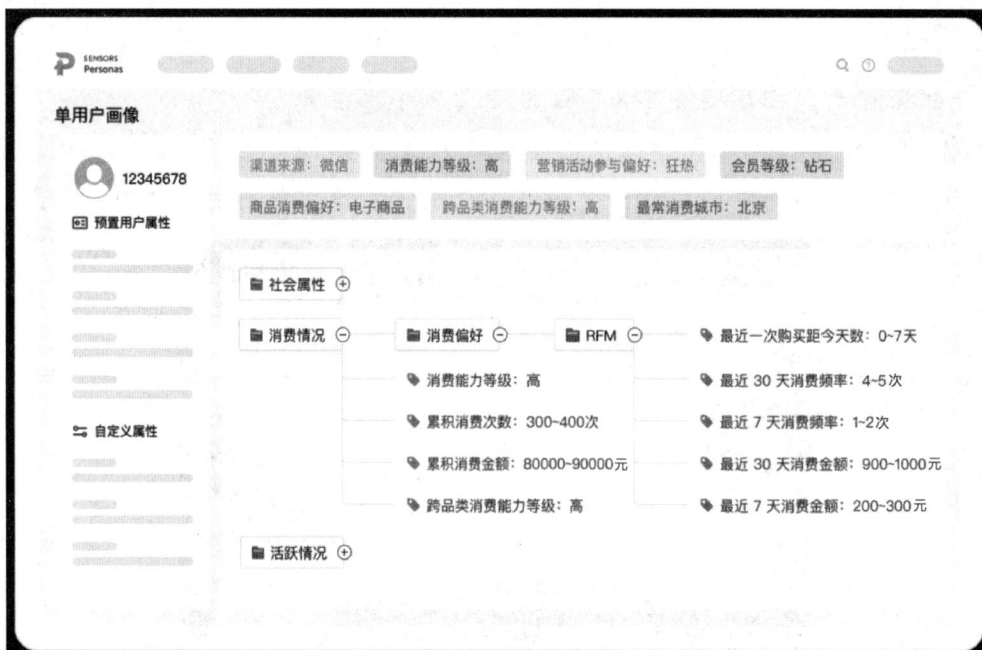

图 2.6　单用户画像

3. 导出多种类型的数据，赋能企业业务发展

不论业务目标是精准获客、产品优化，还是提升用户满意度、提高 GMV（商品交易总额）

等，神策数据都能基于业务诉求，导出画像、标签、人群包等多种类型的数据（见图 2.7），提供在线服务支持方案，对接各类业务系统，全方位赋能企业业务发展。

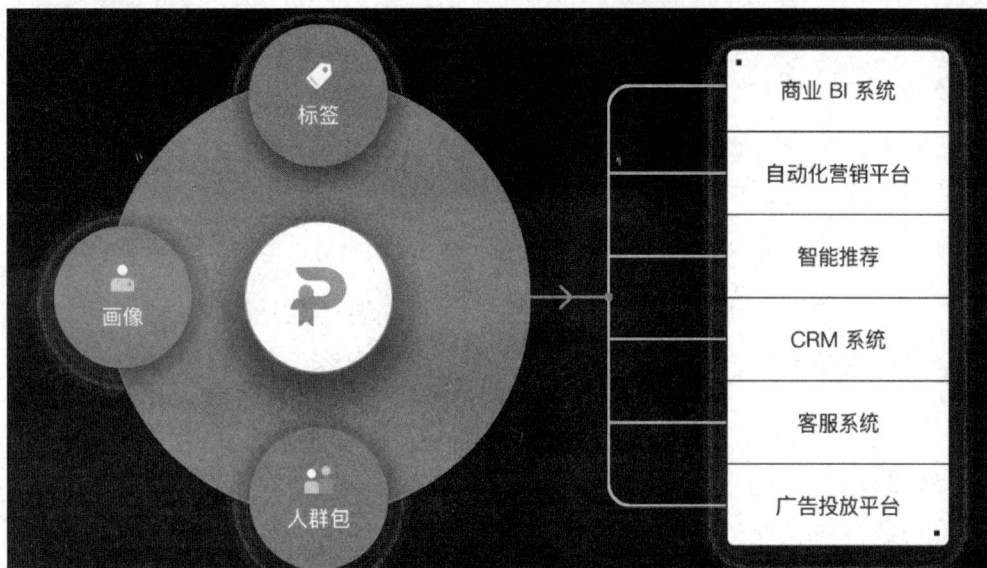

图 2.7　可导出多种类型的数据

拓展练习

打开搜索引擎，输入关键词"用户画像"进行搜索，思考以下问题。

（1）用户画像的核心问题是什么？用户是谁？怎么描述用户画像？该用户是通过什么渠道过来的？属于什么类型？特点是什么？输出价值是什么？

（2）用户画像的描述是越具体越好吗？为什么？

分组讨论，整理讨论的内容，形成一份关于用户画像类型的答卷，各组之间分享成果。

活动 2.1.3　技能训练：了解收集目标用户基本信息的方法

1．统计资料法

统计资料法是企业收集用户信息的常用方法。工作人员通过收集各种统计资料、原始记录、营业日记、订货合同等了解企业在营销过程中的各种需求变化情况和意见反馈。这些资料多数是靠人工收集和整理的，而且分散在企业的各职能部门内部，需要及时整理汇总。

2．观察法

观察法主要是指工作人员在跟单活动的第一线进行实地观察，收集用户信息。观察法由于信息来源直接，可以减少传递者的主观偏见，所得资料较为准确，但只能看到事实的发生，难以说明内在原因。现实生活中处处都有信息，只要善于观察，就能捕捉市场机会。

3．会议现场收集法

会议现场收集法主要是指通过各种业务会议、经验交流会、学术报告会、信息发布会、专业研讨会、科技会、技术鉴定会等进行现场收集。

4．阅读法

阅读法主要是指从各种报刊、图书资料中收集有关信息。报刊、图书是传播专业信息的媒介，只要详细阅读，认真研究，不难发现其中对自己有用的信息。

5．视听法

视听法主要是指通过广播、电视、短视频平台、播客等视听媒介捕捉信息。这类媒介除广告外，还涵盖市场动态报道、行业访谈、用户测评等内容，具有传播速度快、直观性强的特点。

6．多向沟通法

多向沟通法是指与企业外部有关单位建立信息联络网，互通情报，交流信息。多向沟通可分为纵向沟通与横向沟通两大类：纵向沟通是指加强企业上下级之间的信息交流，建立自上而下的信息联络网，既能反映企业的情况，又能取得上级有关部门的情报资料；横向沟通是指行业内的企业之间、地区之间、协作单位之间建立各种信息交换渠道，定期或不定期地交换信息情报资料。

7．聘请法

聘请法是指根据企业对信息的需求情况，聘请外地或本地的专职或兼职信息员、顾问等组成智囊团，为企业提供专业情报，并为企业出谋划策。

8．购买法

购买法是指向咨询公司、顾问公司，以及各类专业研究机构、大学研究部门等有偿索取信息。虽然这些资料多属于第二手资料，但具有省时、来源广的特点，只要目的明确、善于挑选，也不失为重要的信息来源。

9．加工法

企业的信息，一般都有底层、中层、顶层之分，不同的层次有不同的信息流。底层的数据（如日报、周报、月报等）不能算中层的信息，但当这些数据被输送到中层进行加工后，便可成为有用的信息。例如，企业对各部门的月报加以综合分析，便可形成有用信息。

10．网络收集法

现代信息快速通道——网络，是现代信息收集的主要渠道，具有快捷、直观、丰富等特点。互联网是主要的媒体之一，企业可以自设网站征集信息，也可以从其他网站下载自己需要的信息。充分利用网络资源，对企业进行信息收集大有帮助。

11．数据库收集法

数据库收集法是指从数据库中寻找所需的用户信息的方法。这种方法通过对结构化或非结构化数据的检索与分析，快速定位目标用户的基本特征、行为偏好等信息。

> **教师点评**

思政园地

用户画像不仅是给用户贴标签那么简单

用户画像为企业提供了坚实的信息基础，能够帮助企业快速找到精准用户群及用户需求等更为广泛的反馈信息。

企业要进行精准的用户画像分析，就要对用户进行多维度划分，这样就可以知道在不同维度下不同用户的使用场景，方便设计人员依据不同用户的使用场景进行精准的产品设计，方便运营人员打造个性化推送方案，方便数据收集人员进行用户 SKU（存货单位）收集，为后续的用户分析动态建模提供维度和数据支持。

那么怎样建立真实、动态的用户画像呢？

1. 建立用户画像的 4 个维度

需要从 4 个维度建立用户画像：用户静态属性、用户动态属性、用户消费属性和用户心理属性。

（1）用户静态属性

用户静态属性主要根据用户的基本信息进行划分。用户的基本信息是建立用户画像的基础，是基本的用户信息记录，如性别、年龄、学历、角色、收入、地域、婚姻状况等。可依据不同的产品，进行不同信息的权重划分。如果是社交产品，那么在用户静态属性中，权重比较高的是性别、收入等。

（2）用户动态属性

用户动态属性指用户在互联网环境下的上网行为。在信息时代，用户的出行、工作、休假、娱乐等活动都离不开互联网。用户动态属性能较好地记录用户日常的上网偏好。

（3）用户消费属性

用户消费属性指用户的消费意识、消费意向、消费心理、消费嗜好等。互联网平台对用户的消费有全面的数据记录，能对其消费能力、消费意向、消费等级信息进行很好的管理。这个属性是随着用户的收入等变量的变化而变化的，有助于企业在进行产品设计时，对用户是倾向于功能价值还是倾向于感情价值有更好的把握。

（4）用户心理属性

用户心理属性指用户产生的心理反应或心理活动，有助于企业有针对性地进行产品的设计和运营。

2. 建立用户画像举例

根据以上用户画像的维度划分，现以大学生为例，建立用户画像，如图2.8所示。

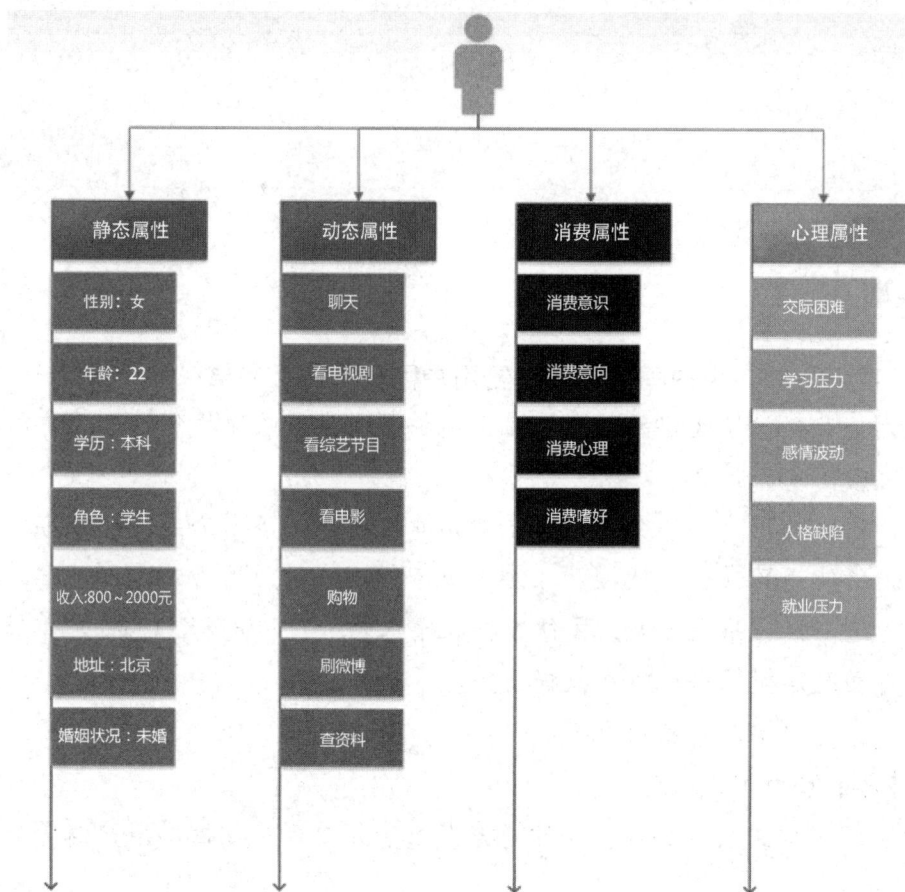

图2.8 大学生画像

消费意识：有使用银行卡、信用卡、分期消费等消费意识。

消费意向：在消费占比中，饮食、购物、通信、恋爱、游玩比重较高。

消费心理：理性消费仍为主流。

消费嗜好：向多元化方向发展，服饰装扮、社交聚餐等消费为主流。

大一、大二、大三（18～23岁）学生的主要心理特征：交际困难、学习压力、感情波动、人格缺陷。

大四（24～25岁）学生的主要心理特征：就业压力、感情波动。

动态属性对应的主要需求：聊天需求、娱乐需求。

根据大学生用户画像，如果是运营活动类可偏向于送电影票、送视频网站会员（如爱奇艺、乐视视频、搜狐视频、腾讯视频等）、送聊天工具会员（如QQ等），将需求和产品推广相结合。

进行精准的用户画像分析，能更好地服务用户，满足用户内心的真实需求。

任务 2.2　梳理目标用户的需求

问题引入

　　把握用户需求是从业者的一项专业技能。对运营人员来说，这项专业技能就是会分析、运用和创造用户需求，并通过运营手段将其在产品上落实，从而达成产品的整体目标。你所知道的常用的了解用户需求的方式有哪些？请写出来。

_____

_____

你知道吗

　　不同用户的生活环境和支付能力差别明显，形成了不同的需求（更多时候是需求层次），如服装市场中的男女、老少、工人与模特的需求不同，富翁和贫民的需求不同，白领和学生的需求不同。在这种情况下，即使都是服装，大家对阿玛尼和巴拉巴拉的需求也是完全不同的。当然，也有些产品，大家的需求差别不大，如搜索引擎。所以运营人员首先要确定自己提供的产品或服务在需求上的差异程度是怎样的，根据产品性质确定深耕领域，如是大众市场还是细分市场。

　　行业内竞争加剧，各企业提供的相同产品或服务增多，如外卖、代购、打车、即时通信领域都聚集了很多提供相同服务的竞争者。因为产品或服务要满足的本质需求几乎相同，但用户有限，所以企业为了增加成功的机会，就需要有效地评估自己，制定适合的策略。

活动 2.2.1　熟悉用户群定位规则

做中学

　　建立并维护用户群是一门技术活，需要运营人员进行规划，并不断地尝试、创新，不是轻易就能完成的。

　　很多人将用户群定位想得很复杂，实际上，只需记住 4 个字：化繁为简。

　　请概括地写出要从哪些方面进行用户群定位。

_____

_____

_____

📅 **必备知识**

1．运营目标定位

在建立用户群之前，运营人员不仅需要规划用户群的回报，还需要了解用户群能给群成员带来哪些价值。

聚集在一起的群成员肯定会有一个共同的强需求，而建立用户群必须提供满足这一强需求的服务，同时实现运营人员的营销等目的。

用户群营销其实就是通过微信群、QQ 群等社交工具建立一个组织，通过有效的价值传播，使群主、群成员等建立某种联系或合作关系。

进行用户群营销的主要目的无非就是提升品牌的知名度，刺激产品的销售，增强用户的黏性，因此，应当以互惠互利的模式进行销售转化，后期对核心用户进行维护。

当然，进行用户群营销的目的不应局限于一个，而应不同阶段有不同的目标，但是要确定一个核心的终极目标。

2．生命周期定位

在讨论怎么使一个用户群活跃从而变现之前，运营人员要明确建立这个用户群的初衷，如是为了一个短期目标（如考研、考证、发放活动小福利等）还是为了一个长期目标（如运营技能提升、文案训练等）。

对于短期目标用户群，如果目标实现了，这个用户群的价值就用尽了，所以这个用户群是必然会沉寂的。当然，在短期目标实现后，将用户群的目标转变为长期的也是可以的，如考驾照群变为自驾游群。这样，用户群的目标就可以由短期变成长期，同样的群，同样的人，就有更多的方向和话题了。但是建议不要过于偏离用户群最初的目标，还要做用户需求的再次分析和用户群价值的重新规划。

转化用户群应满足以下要求：了解用户的需求、用户信任、有良好的氛围、沟通充分等。

一般要明确用户群的服务时长：如一年、一个月、一周。

用户群既定目标完成后，一定要及时解散，以免变成广告群，变成死群。甚至当群成员发布谣言、违法信息，群主未能及时制止时，群主需承担相应责任。

针对用户群的不同特点，该做些什么才能让其生命周期尽可能地延长呢？可以采取以下措施。

（1）明确用户群目标（是长期目标还是短期目标）。

（2）制定进群人员筛选机制。

（3）运营人员分工明确（权威的、踢人的、聊天的等）。

（4）定位用户群调性（群规——能做什么，不能做什么等）。

（5）为群成员提供真正的福利。

（6）创新运营形式（大咖分享、送礼物、抽奖发红包等）。

（7）和群成员做朋友，建立深度可靠的关系。

（8）在有弹性的前提下严格执行群规。

（9）持续稳定地输出对群成员有价值的干货。

3．目标人群定位

在依据年龄、性别、职业、城市、收入、兴趣爱好、学历等确定目标人群定位时，目标人群应尽量垂直细分，用户画像应尽量清晰具体，千万不要为了追求群成员数量而将就。同时，要快速辨别非目标人群，避免过多的非目标人群进群。另外，还要分析目标人群聚集在哪些平台、哪些渠道。

4．类型定位

用户群类型定位是一项关键工作，有助于精准满足不同用户群体的需求，提升运营效果与用户体验。

常见的用户群类型有兴趣爱好群、产品用户群、行业交流群、地域生活群、学习成长群等。运营人员要明确目标与受众、分析市场竞争情况，结合自身资源确定合适的用户群类型。

5．内容输出定位

内容形式：图文、视频、音频。

内容调性：根据用户属性确定。

内容的整体规划：建群前就要有一个清晰的规划。

建议不要在一个用户群中尝试多个主题，因为聚焦一个主题往往更能深入人心；后期增加主题也要慎重，因为这样可能弱化原有主题。所以若想尝试运营多个主题，最好重新建立一个用户群。

课程类用户群可发布的内容如下：课程设置、课程招生、学员分组、课程开营、打卡学习、作业点评、课程结营。

6．服务定位

关于用户群的服务，教育类或知识付费类用户群可以选择丰富课程内容；品牌粉丝类用户群，既可以发放优惠券的方式吸引用户，也可以互动的方式对用户群活动进行策划，还可以"轻""短""高频"为原则向社群输出内容。

7．变现方式、盈利模式定位

用户群商业变现都是围绕产品、内容和服务进行的。用户群通过提供优质的产品、内容和服务，将用户聚集起来。被共同的价值观和兴趣吸引来的用户是非常宝贵的。

产品类用户群：主要通过入口级产品获取用户，把控流量，通过流量变现获取利润。

内容类用户群：主要通过增强用户黏性，组织线上与线下活动（如授课、讲座、培训、沙龙、行业大会、论坛、峰会等各种形式）变现，同时给用户带来更有价值的信息和资源。

服务类用户群：主要通过微信公众号、微信群、朋友圈、微社区、兴趣部落、QQ 群、微信二维码、邀请码、软件等获取用户信息，沉淀用户池，从而实现销售转化。

做好用户群运营，要先明确其定位，希望以上 7 个方面的定位对要做用户群运营的人有所帮助。

【案例 2-3】

《我不是药神》——经典用户群运营案例

程勇：为了生存卖药，确定建立用户群的目的是销售治疗白血病的药——印度格列宁。

吕受益：为了满足自己所需买药，在体验了效果之后帮助宣传并销售印度格列宁。他既是产品的试用者，也是产品的推广者。

刘思慧：病友群的群主，带来了很多群成员。她是用户群运营中的开拓者和意见领袖。

牧师老刘：病友们的精神支柱，平时聚集并直接接触病友，给他们加油打气，大家都信任他。他推荐的东西，大家能欣然接受。他是用户群运营中的分化者和活动策划者。

通过这个案例，可以总结一种以用户带用户的用户群运营方式：首先，明确建立用户群的目的并找到产品的试用者，形成真实的产品效果案例；其次，利用真实的案例开拓用户群渠道，寻找用户群并确定用户群内有影响力的人，通过这个人举办线上或线下活动，利用其影响力说服用户消费；再次，让已消费的用户受益并带动身边的用户消费；最后，循环该模式。

当然，用户群运营的内容远不止这些。每个公司的情况不同，运营策略与方法也不同，大家可以多实践，多积累，多总结。

拓展练习

打开搜索引擎，输入关键词"用户群定位规则"进行搜索，了解更多的用户群定位规则。

分组讨论，整理讨论的内容，形成一份关于用户群定位规则的报告，各组之间分享成果。

活动 2.2.2 掌握目标用户需求

做中学

常用的了解用户需求的方式是调研，其流程如下。

（1）根据产品定位，列出目标人群的类别。

（2）按目标人群类别分别列出属性，如性别、年龄、所在地等。

（3）收集用户信息，如用户的调查问卷、通话记录、访谈内容等。

（4）分析搜集到的信息，得出调研结论。

在调研过程中，用户反馈的信息必然会经过处理，带有相关人员的主观意识。通过这种方式得到的反馈信息，就会有悖于运营人员要了解客观事实的初衷。请分析产生这个问题的原因。

_____

_____

_____

必备知识

在团队协作的过程中，团队成员对用户需求的理解不同。而由于专业和分工上的不同，又无法做到完全统一，因此在用户需求被满足的过程中，存在很大的不确定性。由于市场的不确定性，在市场需求上线之前，运营人员还有很大可能遇到市场需求改变的挑战。

1. 需求的含义

下面通过以下 3 句话对需求的含义进行分析。

（1）用户也不知道自己要的是什么

福特汽车公司的创办人亨利·福特说："如果我问人们要什么，人们只会告诉我，他们要的是跑得更快的马。"

不难看出，"需求"并不是显性存在的。换句话说，我们要做的事情，不是对显性的需求做出描述，而是挖掘用户真正需要的东西。

（2）用户心里想的、用户嘴上说的和用户实际做的

我们要对用户给出的信息进行分辨。有一个经典案例，商家发现在询问用户"黄色的产品是否好看"时，得到的回答都是好看，但用户实际带走的却是黑色的产品。这就告诉我们，不要局限于用户的表面描述，而要去寻找需求背后的本质。

（3）需求变化得越来越快，有效期越来越短

小米公司的投资人之一——晨兴资本的刘芹曾经给出一个数据：以 IPO（首次公开发行，是指一家企业第一次将其股份向公众出售）为标准的话，创业成功的概率只有五万分之一。

这一切都表明，需求并没有看起来那么简单，它需要运营人员不断去挖掘。

2. 整合用户需求

（1）按序列关系进行整合

按序列关系进行整合适用于用户按照时间顺序完成一系列行为的情况。

按序列关系整合会体现模块和模块之间的先后顺序及流动关系。运营人员通过记录每个模块的主要时间和工作量等因素，能够将序列中的缺陷环节、瓶颈环节或冗余环节找出，通过改进，带给用户更好的体验。

（2）按位置关系进行整合

序列关系强调的是时间，而位置关系强调的则是空间。按位置关系进行整合是指按照用户不同的场景信息进行整合，适用于描述用户在具体场所的行为。

按位置关系进行整合，能体现不同位置模块之间的差异，并且显示不同位置模块对整体需求的权重和作用。

（3）按角色关系进行整合

一个用户可能有不同的角色，在不同的角色中，用户的行为存在差异。按照角色关系进行整合能够有效地进行角色及利益相关方的梳理。

（4）按功能关系进行整合

按照功能关系进行整合时，其逻辑关系类似于按角色关系进行整合的思路，只不过功能关系整合更偏向客观事物。

（5）按逻辑关系进行整合

按逻辑关系进行整合分为两种。

一种是按照因果关系进行整合。因果关系是一种强逻辑关系状态，通过因果关系，能够建立因果链条或因果网络，帮助运营人员找到用户真正的动机，避免出现错误的归因方式。

另一种是按照"目的—手段"关系进行整合。这其实是把用户的行为（手段）和结果（目的）联系在了一起，同样能够建立起行为和结果相融合的网络，从中找到关键行为或有里程碑意义的结果。

【案例2-4】

两个年轻人卖漆的故事

有两个印度年轻人，他们干了多年油漆工后想自己卖漆。他们瞄准的对象是一个世界500强的企业，叫立邦。他们想用两三年的时间，制作出非常好的漆，让千家万户的老百姓用上高品质的漆，就像立邦漆一样，于是这两个年轻人开始做大量的市场研究。

第一步，他们找到立邦漆的代理商并问他们，作为地方级的代理商有哪些困难。立邦漆的代理商就讲：立邦漆有200多个品种，每次进货需要涵盖所有品种的漆，因此需要很大的库房存货，占用的库房面积比较大，成本就比较高。同时，每次200多个品种都需要进货，占用的资金也比较多。而老百姓选购的立邦漆产品，一般而言，家用的装饰墙面的涂料，颜色也就十几种而已，有很多产品的销量很少，但立邦对进货量有很多的要求和约束，这就造成了严重的货物积压。两个年轻人把立邦漆代理商提的这些困难全都记录下来。

第二步，他们找到在同一个市场中想做又没有做成立邦漆的那些代理商，问他们：你那么想做立邦漆，为什么没有做成呢？这些人都讲了一个问题，说他们的资金规模和经营规模都比较小，立邦漆对代理商的要求比较高，竞争的代理商比较多，他们的资金实力达不到立邦漆的要求，同时立邦漆那么多的品种，对他们来讲，也是个蛮大的挑战，所以像他们这种小型的分销商，很难跟立邦漆达成战略合作关系。两个人又把这些人的痛点记录下来。

第三步，他们找到了用户，即家里装修的那些家庭，问他们：你们家里用立邦漆刷完墙以后，有什么感受，是不是因为用了立邦漆这一世界 500 强的品牌，就觉得这个墙漆的质量非常好？很多老百姓的回答是这样的：刷完漆的墙上并没有立邦漆的标志，因此很难去评价这个漆的好与坏，他们唯一的评价标准就是国家给立邦漆颁发的那些所谓质量环保达标的证书，以及参数值而已。

两个年轻人把这 3 类人群的诉求点归纳以后，有了下面 3 个动作。

第一步，他们开始生产漆，并且只生产立邦漆最好卖的十几个品种。这是他们做的产品选择。

第二步，他们找到那些原来想做又没有做成立邦漆的代理商，让这部分代理商做他们的代理商。

第三步，他们又通过国家很多职能部门做参数评定，然后告诉老百姓，他们生产的漆的环保参数达标，质量标准和立邦漆基本是一样的，但他们生产的漆比立邦漆便宜 15%。

开始，很多人对这个价格没有什么反应，然后他们又降价，当价格降到 30% 的时候，很多老百姓开始对他们的漆产生新的认知。这两个小伙子发现 30% 就是价格敏感地带，于是把价格定在比立邦漆便宜 30% 的水平上。两年以后，在印度，两个年轻人的漆的市场规模和立邦漆的市场规模不相上下。他们完成了从零到一，再到卓越的华丽转身。

从立邦漆的代理商、没有得到立邦漆代理权的代理商、用户 3 个角度看，他们的痛点和需求是什么？企业需要如何了解用户的切身需求？

◀◀ --

⚙ 拓展练习

打开搜索引擎，输入关键词"用户需求"进行搜索，思考以下问题。

如何发掘用户需求？如何识别真需求、伪需求？

分组讨论，整理讨论的内容，形成一份关于准确洞察目标用户需求的报告，各组之间分享成果。

活动 2.2.3　技能训练：制订需求收集计划

（1）一对一采访：通过与用户进行一对一的交流，了解他们的需求、痛点、使用习惯、购买决策过程等。这种方式的优点是能够了解用户的真实想法和感受，但需要具备一定的访谈技巧和经验。

（2）用户自我记录：让用户记录自己的消费行为，包括购买的产品的价格、品牌、使用场景等，以便更好地了解用户的需求和行为模式。

（3）小组活动和讨论：将一组具有相似特征的用户聚集在一起，进行小组活动和讨论，以了解他们的共同需求和行为模式。这种方式可以激发用户的共鸣，让他们互相启发，但需要控制活动内容和讨论方向。

（4）数据调取：通过调取用户过往一段时间在平台上的行为数据，如搜索历史、浏览历史、购买记录等，分析用户的需求和行为模式。使用这种方式需要具备一定的数据分析能力，需要用到数据分析工具。

（5）用户共创：让用户参与到产品的设计和开发过程中，让他们提出想法和建议，以便更好地满足其需求。使用这种方式需要具备一定的项目管理能力和协调技巧。

以上方式都可以单独或与其他方式结合使用，以便更全面地了解用户的需求和行为模式。需要注意的是，不同的方式适用于不同的场景和目的，需要根据具体情况进行选择。

教师点评

任务2.3 提供用户群的有效信息

问题引入

如何收集用户群成员信息？

你知道吗

用户群是一群志同道合的人的聚集地，也是信息、服务、内容和商品的载体。建立一个用户群或许并不难，关键在于如何把用户群运营与产品联系起来，真正实现商业变现。

活动 2.3.1 熟悉收集信息的方法

做中学

提高自己提取、概括和总结信息的能力非常重要。以做题为例，提高这些能力有以下两个步骤：第一个步骤是训练快速掌握信息的能力，如做题时强迫自己快速读题；第二个步骤是复盘，做完题之后，在题目中把所用到的信息标记出来，然后返回去验证哪些信息是需要关注的，哪些信息是没用的，哪些信息是迷惑性条件。请利用课余时间提高自己在这方面的能力。

必备知识

信息收集是指通过各种方式获取所需要的信息。信息收集是信息得以利用的前提，是关键的一步。信息收集工作做得好与坏，直接关系到整个信息管理工作质量的优劣。

1．收集信息的方法

收集信息的方法主要有以下几种。

（1）观察咨询法

观察咨询法是一种基本且实用的信息收集方法。观察是指通过现场的观察获取有关信息，咨询则是指通过直接或间接的询问获取有关信息。观察和咨询各有利弊。用观察法获取信息时，基本是在被观察对象没有察觉的情况下进行的，结果较为可靠，但只是对被观察对象表面的了解，缺乏对信息实质（动机、态度等内心活动）的反映。用咨询法获取信息时，只要有语言交流就可以较为深入地掌握其内心活动，但由于咨询是在被咨询人有"戒心"的情况下进行的，其结果也有一定的局限性。

（2）回顾检索法

回顾检索法主要是指利用检索工具获取有关的信息资料。检索可以由人工完成，也可以用机器完成；检索对象可以是图书、杂志、计算机、多媒体等，也可以是以往的统计资料或总结材料；检索内容可以是公开发表的有关文字、图像，也可以是尚未公开的内部动态、信息；检索范围可以是本单位或其他单位。

（3）相互交换法

相互交换法所用的交换形式多种多样，交换的范围也很广。

（4）有偿购买法

有偿购买法是指利用正规的渠道，通过购买有关信息载体而获取信息。其实，人们平常所获取的信息，绝大多数都是通过有偿的方式购买的。

2．信息收集时应坚持的基本原则

为了保证信息收集的质量，应坚持以下原则。

（1）准确性原则

准确性原则要求收集的信息真实、可靠。当然，这个原则是信息收集工作的基本要求。为达到这样的要求，信息收集者就必须反复核实所收集的信息，不断检验，力求把误差降低。

（2）全面性原则

全面性原则要求所收集的信息全面、完整。只有全面、完整地收集信息，才能反映管理活动和决策对象的全貌，为科学决策提供保障。实际上，所收集的信息不可能做到绝对的全面、完整，因此，如何基于不全面、不完整的信息做出全面的决策是一个非常值得探讨的问题。

（3）时效性原则

信息的利用价值取决于该信息能否及时地被提供，即它的时效性。时效性原则是指信息被及时、迅速地提供给使用者，从而发挥最大作用。特别是决策对信息的要求是"事前"的消息和情报，而不是"马后炮"。

拓展练习

只有全面获取信息、主动寻找信息，才能避免因信息不全面而产生错误认知、做出错误判断。请利用课余时间学会判断哪些是有用信息，哪些是关键信息。

活动 2.3.2　掌握建立用户群和开发用户的技巧

做中学

在当今社会，用户群已经成为一个不可忽视的存在。无论是商业领域还是个人生活中，用户群都扮演着重要的角色。用户群不仅是人们交流、分享、互动的平台，还是人们建立信任、拓展人脉、实现共同目标的重要途径。请谈一谈如何建立一个用户群，让用户之间可以形成紧密的联系，共同成长和发展。

_____

_____

_____

必备知识

社会化用户运营过程中，运营人员利用社会化网络、在线社区、百科或其他互联网平台和线下媒体等发布和传播资讯，进行营销、公共关系处理，以及用户服务、维护及开拓的一种方式。

1. 快速建群——搭建群框架

（1）邀请核心成员

以建立小区美食群（交流群）为例，初期邀请邻居入群时，要将活跃用户作为核心成员培养，经过充分的交流沟通后，让这些群成员知晓这是一个专门发布生鲜美食的群，鼓励他们邀请身边的人进群，适当起到"托儿"的作用。

（2）欢迎群成员

成员入群后，作为群主，要编辑群介绍，再次明确告知该群的用途，并且通知群成员，会在群内发布产品购买优惠、进口产品打折等信息和相关产品链接。之后发放一些具有吸引力的福利，暂时留住群成员。

欢迎词参考："欢迎邻居进入××小区高端社区群！我们会网罗各地美食，将厂家直供或产地直采美食分享给大家，'品质第一、服务第一'是我们的目标。进群后辛苦修改一下群昵称：姓名+房号（如"大力+8 栋 1503"）。本群只为××小区业主服务。"

（3）发布群规则

用户群规则（以下简称"群规"）的制定需要群策群力，初期运营时可由群主制定初步规则，后期再根据运营的情况逐渐丰富，但是切忌群主一言堂。

最好经过群成员讨论并达成一致意见后再执行群规，这样比较容易得到较好的效果；如果推出来了群规，大家都不遵守，那么将会使群主失去威信，后期不便于用户群的管理和维护。

如果群主要推出强势群规，那么群主的影响力一定要比群成员高出几个等级。但是大部分时候，尊重民意的用户群比强调个人权利的用户群寿命更长。

另外，如果一个用户群的人数过多，要采取一定的禁言措施，如工作时间群内不聊天，晚上和节假日随意。群规其实是界定群成员日常行为的规则，遵守群规是一种义务和责任。

作为群主，要发布群规和相应的惩罚机制。适当的群规会促进群发展，不仅不会让群成员觉得群主不友好，还会有正面作用——正是因为这个群是有纪律并且没有垃圾消息的群，群成员才会更愿意留下来。

2. 群成员快速开发——线下开发方式

（1）地推

一个较直接的快速开发群成员的方式是安排工作人员（或小区团长）进行线下地推，在小区的主要出入口或多个小区的共用道路旁设置试吃展台，或者开展实用物品大折扣促销活动，但要扫码进群才能享受活动价。饼干、水果、卫生纸，小袋装的米、面、粮、油等均可参与促销活动。

（2）小广告推广

工作人员进行推广时要与小区物业的员工搞好关系，鼓励物业的员工进群。只要活动好，质量有保证，同样可以激活没有情感基础的用户并将其发展成群成员。

广告语参考："邻居们好，我们现在给大家提供产地直销的水果和工厂直供的日用品。价格非常实惠，而且今天下单，明天就送货，方便快捷。建群的目的是让大家一起共享这些实惠的物品、便利的服务，让天下没有陌生的邻居（附上活动链接便于用户筛选产品）。"

（3）上门拜访

工作人员可以小区楼栋为单位，选取周末等业主、邻居在家较为集中的时间段登门拜访；将提前印制好的广告单页放置在单元门口，也会有一定的效果。

扫楼话术：（敲门 3 下）"您好！我们正在做小区团购活动，每周都会定期秒杀几款水果。水果很新鲜，价格也很便宜。最近正好有以下爆品水果开团，您可以进群团购，以后还会有 9.9 元的榴莲，19.9 元的进口车厘子，8.8 元的泰国山竹等好吃的水果（我们会选取当季热销水果或蛋类）。现在已经有很多业主进群了，您平常都爱吃什么水果？买哪种水果多一点？我们现在是每周开×次团，您可以进群挑选，看看有没有喜欢吃的水果。"

3. 群成员快速开发——线上裂变方式

通过社交关系获得新客是很多互联网公司的拓客方式，如拼团。尤其是利用社交工具增加客源，是很多用户群拓客的主要方式。

要想让用户群成员裂变，需要做以下工作：制定裂变激励政策、选择裂变工具、设计裂变海报、推广裂变政策、管理裂变用户群。

（1）红包激励裂变

工作人员在群里组织互动，宣告本群满 100 人发 100 元红包，满 200 人发 200 元红包。金额视当地整体消费水平而定，人均 0.1～1 元都是可控的。

（2）奖品激励裂变

工作人员不断地晒进度：谁拉了多少人都在群里公布，谁拉的人多还有奖品，如洗衣液、洗手液、洗洁精等；老用户邀请 5 位新人，建议为老用户和其推荐的新用户都提供奖品（邀请优惠券），奖品需要到自提点提货，同时，每邀请一位新用户进群，老用户可获得 1 元红包奖励。

（3）朋友激励裂变

工作人员可让熟人帮忙在微信朋友圈分享群二维码，附上提供给他的广告文案，如"诚邀××小区邻居进群，进群可抽奖，有福利赠送"。

（4）串群宣传裂变

第一，利用已有的微信群、QQ 群。工作人员让这些群的群主或意见领袖进行推广、引荐熟人进群，相对更容易建立信任。

第二，寻找小区业主。工作人员多进一些业主群，找机会将群成员添加为好友。

第三，与商家合作互推。工作人员可以尝试进入周边洗车店、干洗店、母婴店等粉丝群，与商家合作互推，并告知会投放福利从而吸引粉丝，实现双方粉丝共享。

【案例 2-5】

转发裂变案例

1. 裂变活动规则

工作人员以电子绘本为导入点，转发电子绘本海报（见图 2.9）到朋友圈和一个微信群，即可领取相应奖品。

图 2.9 电子绘本海报

2. 裂变结果

工作人员先和现有会员（约 130 位）进行了沟通，但是愿意参与的会员不多，实际只有约 20 位会员参与。有 118 位非会员参与，其中的 20 多位是以前的"潜客"，纯新增加的人有 90 位左右。

3. 总结

（1）基盘用户数量不够，黏性也不强。

（2）工作人员掌握的用户群不多，所以推广渠道有限。

（3）电子绘本这个主题有一定的局限性，下次可以想个更好的导入点。

4. 启发

（1）就目前的体量来说，此次活动在运营执行和结果层面上还算成功。社群裂变不是灵丹妙药，只能锦上添花。

（2）一定要有稳定的圈粉渠道：如自媒体、O2O、可以无限加群的"超级诱饵"（导入点）等。

（3）这个行业没有销售人员，只有老师，如果用户对老师的黏性不够，危险系数就会比较高。

（4）"超级诱饵"不够给力，二次裂变效果不够理想。

（5）后续跟进应考虑"微课+1元"模式。第一次沟通非常重要，不要放过这个机会。

（6）裂变时可以调动的资源太少。

⚙ 拓展练习

用户群是有生命周期的，很多用户群开始是活跃的，后来就变成了广告群甚至死群。

请以小组为单位，思考如何保持用户群的优质性。

活动 2.3.3　技能训练：建立有效的用户群

要建立有效的用户群，就要记住4个字：宁缺毋滥。就是说群成员一定要有相同的爱好、共同的需求，不能一味追求人多，把能拉的人都拉进来，因为人越多，容易犯的错误就越多，如群里垃圾消息过多，一发不可收拾，还会影响到原来群成员的忠诚度。

请按文中所讲的步骤创建用户群。

教师点评

思政园地

群规设定：有组织、有规矩

1. 群规设定要严格

（1）严禁随意加人，如发现，一律踢出群。

（2）严禁在群里讨论与本群无关的信息。

（3）严禁利用群平台宣传其他产品，如发现，第一次警告，第二次踢出群。

（4）举报随意加人者可以找群主领取一个红包。

2. 适时重申群规，提高群成员遵守群规的意识

（1）不定期重申群规，巩固群成员对规则的认识。

（2）建立群成员的规则意识，让群成员意识到"没有规矩，不成方圆"。

项目 3
用户拉新技巧

思维导图

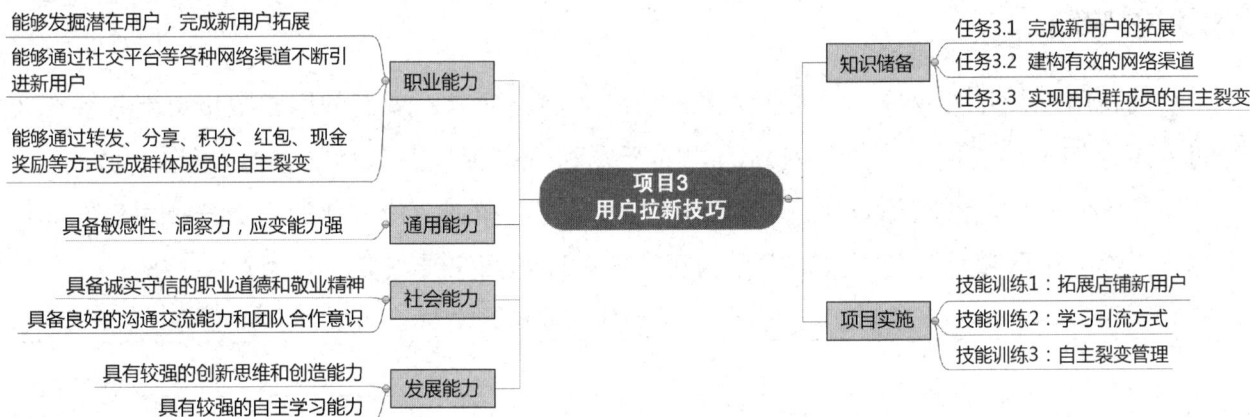

能够发掘潜在用户，完成新用户拓展
能够通过社交平台等各种网络渠道不断引进新用户

能够通过转发、分享、积分、红包、现金奖励等方式完成群体成员的自主裂变

职业能力

具备敏感性、洞察力，应变能力强 —— 通用能力

具备诚实守信的职业道德和敬业精神
具备良好的沟通交流能力和团队合作意识 —— 社会能力

具有较强的创新思维和创造能力
具有较强的自主学习能力 —— 发展能力

项目3
用户拉新技巧

知识储备
任务3.1 完成新用户的拓展
任务3.2 建构有效的网络渠道
任务3.3 实现用户群成员的自主裂变

项目实施
技能训练1：拓展店铺新用户
技能训练2：学习引流方式
技能训练3：自主裂变管理

学习目标

【知识目标】

（1）了解发掘潜在用户的渠道。

（2）掌握社交平台的拉新技巧。

（3）理解自主裂变的方式。

（4）了解群体成员的管理方法。

【技能目标】

（1）能够发掘潜在用户，完成新用户拓展。

（2）能够通过社交平台等各种网络渠道不断引进新用户。

（3）能够通过转发、分享、积分、红包、现金奖励等方式完成群体成员的自主裂变。

【素质目标】

（1）培养创新意识：能够分析用户拉新技巧对社会化用户运营的益处。

（2）提高网络信息搜索能力：能够自主上网搜索有关用户拉新技巧的知识、案例，并与其他人分享成果。

随着电子商务的发展，实体店的盈利能力逐渐减弱，最早到线上发展的商家也享受到了电子商务带来的红利。用户购买渠道的转变带来的是用户消费习惯的改变，因此，商家也要随之改变策略。无论是实体店，还是线上店铺，都有一个需共同关注的点，就是流量。流量是关键性的因素，其多少在一定程度上决定了销量的多少，因此商家往往采用各种方式进行用户拉新。

本项目主要完成 3 个任务：完成新用户的拓展、建构有效的网络渠道、实现用户群成员的自主裂变。

任务3.1　完成新用户的拓展

📋 问题引入

发掘新用户是开拓业务、增加业绩的需要。对商家而言，现有的用户数量可能不会在短时间内迅速增长，需要一直进行对新用户的开发和维护，以此来增加销量，获取利润。

在互联网时代，商家不必为找不到新用户而烦恼。那么，什么样的用户是新用户？面对新用户，你会采取哪种运营方式？你认为新用户可以给商家带来多少利润？

_____

_____

👥 你知道吗

新市场很难被简单地界定。对于商家，"新"是相对于其所处的目标市场而言的。互联网、5G 网络、短视频、直播的快速发展，将人与人沟通的距离变为"零"。用户的注意力也在这个信息爆炸的时代变得分散。根据用户所处的状态，可将用户分为潜在用户、目标用户、现实用户及流失用户 4 类。其中，寻找与联系潜在用户是拓展新用户过程中的重要环节。

活动 3.1.1　了解发掘潜在用户的渠道

🔍 做中学

无论是做传统商业还是做互联网商业，都离不开老用户。即便企业发掘一个新用户的成本是维护一个老用户的成本的 6 倍，也并不意味着企业就不需要开发新用户了，因为在这个

"用户为王"的时代，用户数量的多少决定了企业市场的大小。那么要通过什么渠道发掘潜在用户呢？

_____

_____

_____

必备知识

1. 潜在用户的含义

用户是指某种产品、服务的使用者，即使用某种产品的人或组织。这类人未必参与产品消费、转移的过程，是指通过购买产品或服务，从而满足其某种需求的群体，也就是指与个人或企业有直接的经济关系的个人或企业。

潜在用户是指对某类产品或服务存在需求且具备购买能力，但尚未与企业发生交易的待开发用户。经过企业的努力，可以把潜在用户转变为现实用户。

2. 发掘潜在用户的意义

现实用户与潜在用户之间的界限很难划清。现实用户与潜在用户相辅相成，互为前提，互为条件，作为企业目标用户群的组成部分，共同作用于市场和企业。因此，企业只有弄清二者之间的本质联系，才能更好地完成营销工作。

企业要想发展，就必须有业绩，而业绩往往取决于潜在用户的数量和质量。企业若想获取利润，则需要了解潜在用户的情况，激发潜在用户的兴趣。

（1）找到潜在用户的痛点。

（2）根据潜在用户的需求，对症下药。

（3）紧跟时代步伐，保持创新精神。

3. 发掘潜在用户的渠道

老用户是企业收入的主要来源，是企业发展的基石。在"二八定律"中，那20%的用户对企业的发展有着重大的影响，但这并不意味着另外80%的用户就不重要了。事实上，发掘新用户和维护老用户对企业而言有着同等重要的地位。新用户的加入，能为企业带来新鲜血液，特别是实力雄厚的潜在用户的加入，能对企业盈利能力产生重要的影响。

发掘潜在用户的渠道很多，大致可分为6个，分别是官方渠道、粉丝爱好者集聚地、问卷调查、竞争对手的阵地、社交网络、用户搜索的关键词及趋势。

（1）官方渠道

官方渠道是指企业的官方平台。企业可在官方网站、论坛、微博、微信公众号、客服中心等处查询用户留言，找到潜在用户。

（2）粉丝爱好者集聚地

粉丝爱好者集聚地是指很认可企业的产品或服务的用户聚集的地方。集聚地的粉丝黏性强，如百度贴吧、知乎、论坛。

（3）问卷调查

问卷调查是指通过制作详细、周密的问卷，要求被调查者据此进行回答以收集资料的渠道。企业可以通过"问卷星"发布问卷。

（4）竞争对手的阵地

企业可通过分析同类产品或服务的竞争对手所占领的市场，了解竞争对手的运营手段，观察竞品在应用市场上的好评和差评。

（5）社交网络

社交网络作为一个载体，将企业和用户紧密地联系在一起。企业可以通过用户发布的内容，利用词频分析用户的关注点。

（6）用户搜索的关键词及趋势

企业可利用百度指数等平台对比同义关键词的热度。如企业要针对某款产品做推广，可以借助百度指数平台搜索该产品的关键词，根据关键词的热度及其对应流量来确定该产品的主、副关键词。

【案例 3-1】

如何发掘客户的需求

一位老妇人想买李子，她先到第一家店问，"有李子吗？"店家说："有，今天新进的，又新鲜又甜！"老妇人摇摇头走了。她走到第二家店又问："有李子吗？"店家说："甜的、酸的都有，你要哪种？"老妇人说："来一斤酸的。"老妇人买完李子就走了。

第二天老妇人来到第三家店问："有李子吗？"店家说："您要买李子啊，我们这是专卖店，甜的、酸的都有，您要哪种？""给我来一斤酸的。"店家感到很奇怪，问老妇人，"大家都买甜的，您怎么买酸的？"老妇人说："儿媳妇怀孕了，爱吃酸的。""那可得恭喜您了，马上就要抱孙子当奶奶了，您儿媳妇有您这样的婆婆真幸福。"老妇人被店家说得心情很好，"哪里哪里，怀孕当然要吃点水果。"店家说："可不是嘛，怀孕期间非常关键，不仅要吃高蛋白的食物，还得多吃水果，这样生出来的孩子才能水灵灵的。对了，我们这的猕猴桃含有丰富的维生素 C，您要给儿媳妇带点吗？"老妇人又买了些猕猴桃。之后老妇人买水果就认准这家店了。

我们从中学习到，在发掘客户之前，要了解客户需求，第三个店家通过提问的方式进行了解，进而围绕需求为客户讲解产品。我们还应该深度发掘客户的需求，第三个店家在知道老妇人是因为儿媳妇怀孕才买酸李子后，又推荐了富含维生素C的猕猴桃。另外，还要会引导客户，很多客户本想买一样东西，最后却买了一堆东西，所以要引导客户发现其需求会在这里得到满足。作为运营人员，我们要对自己的产品有较为全面的了解，只有在熟悉产品的情况下，才能向客户推荐更多的产品。

　　发掘潜在客户应先发掘问题产生的原因，通过表象找出客户的内在需求，再通过提问的方式引导客户，进而发掘客户的潜在需求。这样往往能够提升销售业绩。

拓展练习

　　打开搜索引擎，输入关键词"发掘潜在用户"进行搜索，了解更多的发掘潜在用户的方法。

　　分组讨论，整理讨论的内容，形成一份关于发掘潜在用户的方案，各组之间分享成果。

活动 3.1.2　熟悉分享海报的技巧

做中学

　　在进行用户拉新时，往往很多用户对企业的产品是未知的。最初印象至关重要。面对一个新用户，如何让其对产品产生兴趣？如何让其对产品有一个好的最初印象？

_____

_____

_____

必备知识

　　百余年来，海报作为一种信息传递媒介，以简洁明了的传递方式存在于人们生活的方方面面，能够快速吸引人们的眼球，可以很好地打造视觉效果。海报是由形象生动的图片和通俗易懂的文字等构成的宣传品，是信息传递的有效载体，也是企业进行用户拉新的必备手段之一。

　　对企业而言，海报是其开拓市场不可或缺的一部分，可以提高企业品牌的知名度，可以作为企业进行线上与线下营销、裂变拉新的载体。

1. 熟悉海报的要素

　　海报三要素：图片、文字和色彩。

　　图片可以直观地呈现所要表达的信息，可以使很难用文字表达的内容变得更加明确。所以，图片应该避免用过于复杂的构图。

　　文字是海报的灵魂，起解释说明的作用。海报中的文字排版要遵循一致性和辅助性的原则。

　　色彩是在海报设计过程中，能第一时间传递产品信息和吸引用户眼球的元素。色彩的运用能够让海报产生强烈的视觉冲击力和人文艺术魅力。

　　一张好的海报可以有事半功倍的效果，而一次成功的海报宣传能让营销宣传达到"1+1>2"的效果。要结合该海报适合的人群，有目的性地选择平台进行投放。

2. 设计海报的方法

海报的种类是五花八门的。企业在进行海报设计前，应该先确定海报的主题，选择合适的设计方法，有针对性地进行海报的设计。

（1）合理夸张法

借助想象，（海报）产品或主题的特征的某些方面可以被明显夸大，从而加深人们对这些特征的理解。苏联作家高尔基曾说："夸张是创作的基本原则。"通过这种技巧，我们可以更加清晰地揭示事物的本质，增强海报的艺术效果。

（2）直接显示法

这是海报设计最常见、使用最广泛的方法之一，设计者在海报上直接、真实地展示产品或主题，并充分利用摄影或绘画技巧的写实表达能力。在使用这种方法时应注重渲染产品的质感、形状、功能和用途，呈现产品的精致质感，让用户对所推销的产品产生亲切感和信任感。

（3）突出特色法

突出特色法是指用各种方法把握和强调产品或主题的鲜明特征，并将其清晰地展示出来。可以将这些特征放在海报画面的主要视觉部分或与其他特征进行对比，让用户在看到文字和画面的瞬间就能注意到海报的内容并对其产生视觉兴趣，从而达到刺激购买欲望的目的。

（4）以小见大法

以小见大法是指强调、选择和集中海报设计的立体形象，用独特的想象力抓住一个点或一个部分，集中描述或延伸放大，从而更充分地表达主题。这种设计海报的方法给设计者带来了极大的灵活性和无限的表现力，也为用户提供了广阔的想象空间，使其产生兴趣和联想。

（5）对比衬托法

对比是艺术美的突出表现形式，形成对比的两者往往相互冲突。设计者通过不同方面的对比表现作品中描绘的事物的性质和特点，实现浓缩、简洁和曲折的变化。通过这种方法，产品的性能和特点得到更清晰的强调或暗示，给用户一种深刻的视觉体验。

（6）使用关联法

丰富的联想可以突破时空的界限，增加艺术形象的立体性，深化画面的意境。当人们在海报中看到自己或与自己相关的经历时，美感往往显得特别强烈，这就是在联想的过程中引起的审美共鸣。

3. 分享海报的技巧

除了企业自建网站内的社交圈子，微信朋友圈和微信群应该是分享海报的主要场景。除此之外，企业还会在微博、小红书、知乎等 App 或网站上进行分享。成功分享海报可以用一个公式来概括：成功分享海报=目标人群+痛点+包装+可信度+紧迫感+畅销。用户裂变增长逻辑如图 3.1 所示。

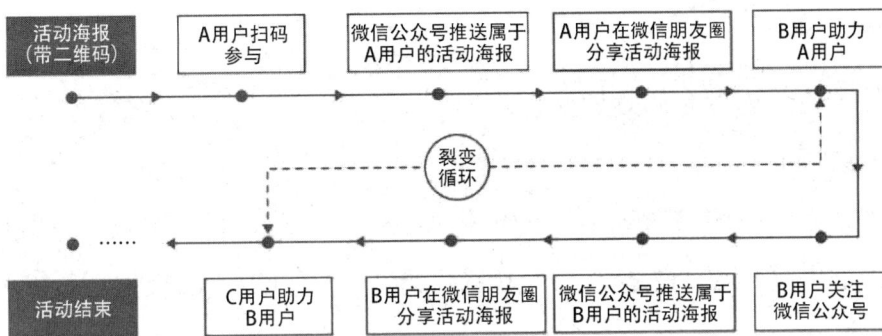

图 3.1 用户裂变增长逻辑

在进行海报设计与分享的时候要遵循相应的原则：第一，以业务为主的海报要以业务为导向；第二，海报的设计要符合目标用户群的认知；第三，考虑用户会在什么场景下看到海报，看到后会采取哪些行动。

例如，由于微信朋友圈具有接近用户真实生活的特殊性，在微信朋友圈进行海报分享的时候要格外注意分寸。

拓展练习

打开搜索引擎，输入关键词"分享海报"进行搜索，思考以下问题。

（1）海报在用户拉新中能起到什么作用？设计海报时可以运用哪些软件？设计海报时的注意事项有哪些？

（2）海报投放得越多，效果就越好吗？

分组讨论，整理讨论的内容，形成一份关于分享海报拉新的方案，各组之间分享成果。

活动 3.1.3 技能训练：拓展店铺新用户

"新用户拓展"是达摩盘给企业提供的支持定向拉新的功能。选择不同类型的用户，系统会列出该类用户的特征信息，如图 3.2 所示；点击"新用户拓展"按钮，系统会提供基于品类、IP、相似店铺粉丝、关系的不同拓展人群。

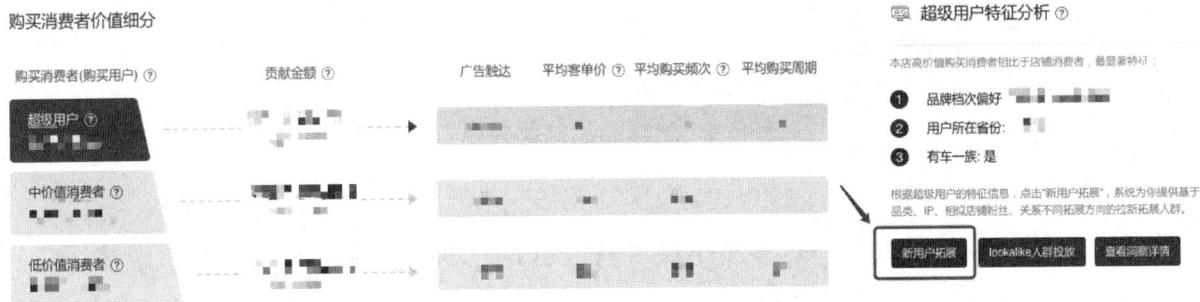

图 3.2 各类型用户价值及某类用户特征分析

选定拓展方向后，系统将提供该方向人群的特征。企业可以根据预算自定义拓展人群规模，进行聚焦。

接下来以品类拉新为例介绍具体操作流程。

1. 选择拓展方向

品类拉新是指系统按照与所选类目有交互（点击、加购、收藏宝贝、收藏店铺、评价互动等）行为的人群进行拓展。选择"品类拉新"选项卡，点击"品类拉新"按钮后面的"+"按钮，如图3.3所示。

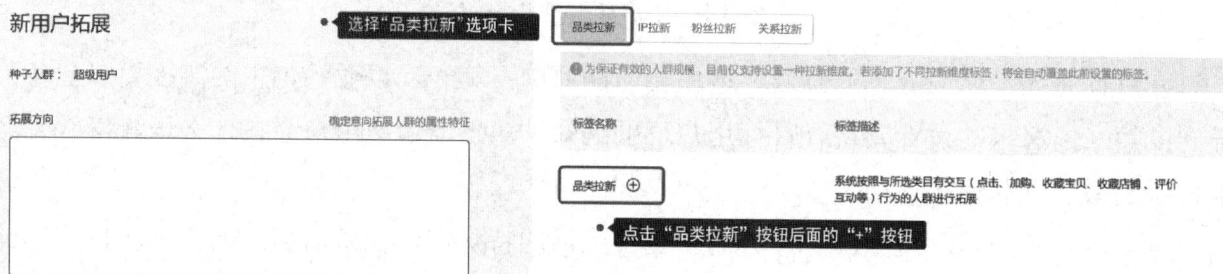

图3.3 选择拓展方向

2. 选择品类拉新类目

选择想要拓展的新用户人群的类目，点击"确认"按钮，如图3.4所示。

图3.4 选择品类拉新类目

3. 设置限制特征

点击"设置限制特征"按钮，系统出现"特征选定"和"特征加权"两个单选按钮。

（1）点击"特征选定"单选按钮，再点击下方的白框，右侧会跳出可供选择的标签名称：用户性别、用户年龄、用户常驻城市等级、淘气值、淘宝消费能力等级、天猫会员等级，如图3.5所示。选定的标签名称就是新用户会包含的特征。

图 3.5　特征选定

（2）点击"特征加权"单选按钮，系统会对上一步选定的特征进行"一键加权"，进行新用户拓展的时候更有倾向性。

4．设置拓展人群规模和常规信息

设置完特征后，进行拓展人群规模和常规信息设置，如图 3.6 所示。

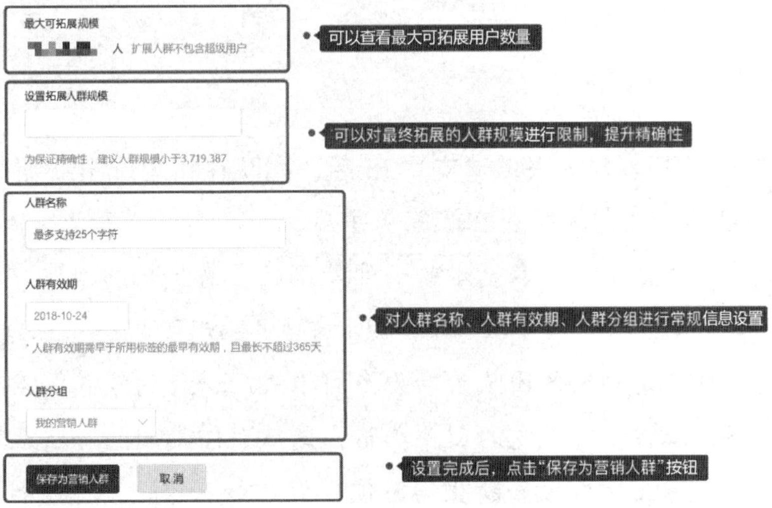

图 3.6　设置拓展人群规模

（1）"最大可拓展规模"显示在选定方向及选定特征下可以实现的最大可拓展用户数量，但不包含超级用户。

（2）在"设置拓展人群规模"文本框中，可以通过设置人群规模提升最终营销人群的精准度。

（3）填写人群名称、人群有效期、人群分组，点击"保存为营销人群"按钮。

新用户拓展功能的设计出发点就是帮助企业解决生意增长中"高效拉新"的难题，所以功能场景主要聚焦在拉新上，具体建议场景如下。

（1）品类拉新场景：企业有跨品类拓展需求时，在明确了与自己的店铺有强关联关系的品牌和店铺后，可以通过类目拉新的方式，挖掘意向类目下的潜在人群。

（2）IP 拉新场景：对于旨在用 IP 驱动生意增长的品牌和店铺，可以通过定向固定的 IP 圈选相关的人群，实现对店铺 IP 产品的定向收割。

（3）粉丝拉新场景：对于以粉丝运营为主或迫切需要增加粉丝的店铺，可以通过粉丝拉新吸引常去相似店铺的人群。

（4）关系拉新场景：系统会按照关系衍生产品的品牌和店铺（如全家亲子服装），拓展和店铺相关的人群。

以上拉新场景有助于企业从不同的维度为品牌和店铺拉新，为不同类型的品牌和店铺提供了拉新的途径。希望大家今后在拉新场景中多多使用前文提到的工具和方法，从而发挥此拉新功能的真正价值。

教师点评

思政园地

从公益助农到乡村振兴，这支"95后"团队在村里玩出"新花样"

一场"微改"，让千年古村城杨村在沉寂多年后蜕变。这个名不见经传的古老小山村，一跃成为网红村。民宿、直播中心、农家乐……处处都焕发着生机。

在城杨村的一处农场，有一群年轻人租了 15 亩地，搞起了生态农业，一些村民也成为他们的合伙人。这正是叶成龙和他的团队为助力乡村振兴而进行的模式探索。

与一般创业者不太一样，叶成龙的创业之路，是从大学期间的公益活动开始的。

当叶成龙还是浙江万里学院大一新生的时候，偶然加入了一个公益性社团——万里雷锋营，他还发起并参与了全国性的助学活动——"蚂蚁助学计划"。

在为期一年的时间里，叶成龙走访了全国 20 多个省份，深入 3 000 多户贫困的农村家庭进行调研，也帮扶了许多农村的留守儿童。"在走访的过程中，我就发现了许多家庭都在生产绿色、优质的农产品，我就在想能不能通过帮他们卖掉这些瓜果蔬菜，让他们可以主动地脱贫致富。"

毕业之后，受到创业初心影响，叶成龙选择继续在公益创业的领域深耕，成立了浙江益马当鲜贸易有限公司，专注于挖掘原生态产品，立足于品控管理，从销售平台慢慢发展到为中小电商企业提供一站式优质的原生态农产品供应服务。"其实中间因为诸多困难一度想过放弃，但后来在家人、老师的鼓励下，还是想肩负起这一份责任，去帮助更多的人。"叶成龙说道。

2019 年，受台风"利奇马"影响，鄞州区近千亩葡萄受灾，叶成龙和他的团队历时 4 天多，利用线上平台及线下销售点多种渠道，帮助鄞州区解决了 26 吨葡萄积压的问题。

2020 年，他们联合物流平台一起解决了农户的 5 000 多吨蔬菜滞销的问题，另外，他们还随考察团去往延边朝鲜族自治州对口帮扶、资助当地学生，销售各类农产品等。

同时，他们利用自身渠道优势推出"鲜选云"智能选品系统，在使自身业绩增长 56% 的同时，还为 100 多家中小电商企业解决了货源和供应链难题。

从 2020 年开始，叶成龙和他的团队参与了东钱湖城杨村"艺术振兴乡村"的行动，投资 120 万元，建成了"益马当鲜智慧农业赋能基地（共享农场）"（见图 3.7），借助互联网电商平台及自身媒体资源等优势，积极探索"村企融合"模式。

图 3.7　益马当先共享农场

叶成龙介绍，一期农场占地 15 亩，村集体占 30% 的股份，主要是通过种植赋能和集市赋能，让村民通过灵活就业的形式参与进来。"种植赋能就是通过农业数字化认养模式，将一亩地的亩产收益从原先的每季 1 万元增长至每季 6 万元，同时借助宁波市农科院的力量帮村民提升农产品种植技术；集市赋能则是通过搭建线上线下一体化的生态集市，将村民的农产品通过线上平台和线下体验的方式销售出去。"

这就像一个现实版的"开心农场"，认养者可以定制自己喜爱的农产品，也可以以打包礼盒的形式送给亲朋好友。

一路走来，叶成龙和他的团队一直脚踏实地地走好每一步。"我希望大家不要因为创业而创业，也不要跟风创业。"叶成龙说道，"从策划一件事到落实一件事，我们一直抱着把眼前的问题解决好的心态，有问题就解决问题，没有问题就思考问题，这样朝前推进。"

他呼吁更多人加入公益助农的队伍，"构建新时代美丽乡村需要我们这一代青年人的助力，希望能有更多的青年人投身乡村振兴的事业中，用青春的汗水和智慧打开现代农业的大门。"

任务 3.2　建构有效的网络渠道

问题引入

随着电子商务通信技术的飞速发展和网络应用的普及，网络营销正在使营销渠道发生变革。若要为一款新上线的产品做运营，你会选择哪种方式进行宣传？

_____

_____

你知道吗

世上本身是没有渠道的，可以把渠道的形成理解为"水到渠成"。谁拥有用户需要的产品，并且能保证产品的质量和服务，谁就会受到更多用户的欢迎，当然也会有很多企业争相来做渠道分销商。渠道就是产品的销售通路。

网络营销渠道指企业在以信息技术为代表的网络化条件下，对各个营销渠道模式进行选择、优化、重组，从而建立的一个适应网络经济时代要求的、高效的、开放的、互动的、超时空的营销体系和模式。

活动 3.2.1　熟悉社交平台的拉新技巧

做中学

你知道哪些社交软件？你常用的社交软件有哪些？你知道这些社交软件面向的群体及群体的特点吗？

_____

_____

_____

必备知识

1. 社交平台

社交平台是指网络社区类软件，是基于网络的用于社交的平台，属于为社区有关人士传播信息和使志同道合的人产生联系的社会领域。

目前常用的社交平台有微博、微信、各种自媒体号（搜狐号、头条号、百家号、小红书等）、各种论坛贴吧、较大的垂直社交平台（知乎、豆瓣等）、各大短视频或直播平台（抖音、快手等)。可在这些社交平台中不断地发布有质量且和自身产品或品牌有关的内容,最终引流到自己的平台。

2. 社交平台的类型

每一次交互方式的诞生与革新都是垂直社交产品的机会。从最初的发信息,到后来发照片、视频,再到现在的直播等,都是交互方式更新的过程。每一次的更新都意味着有新的产品出现。

社交平台越来越多,已经成为每一名用户日常生活中必不可少的应用,其用户量的饱和状态,反映了各类社交平台互相抢占用户的博弈已演变成一场零和博弈。这里将社交平台划分为 5 类:传统型社交平台、C2C 型社交平台、电商型社交平台、教育型社交平台及直播型社交平台。

传统型社交平台是指微信、QQ 这种以通信为主要功能的 App,以熟人社交为主。

C2C 型社交平台以个人为单位,在线上建立社交关系,并提供相应服务。

电商型社交平台类似于二手市场买卖交易平台,用户可通过电商行为产生社交属性。

教育型社交平台可以理解为教育类 App,并带有社交属性,如在线授课、实时沟通学习情况的教育平台均有社交功能。

直播型社交平台中,直播产品本来就具备社交功能,而通过强社交元素的引入,可以增强用户的黏性。

3. 社交平台的拉新技巧

尽量精准地找到用户群的"共性",并进行用户画像分析,是用户群运营前期所必须做的一项工作。用户群的用户之间"共性"越强,用户群的内容和价值输出的一致性就越强,相应的用户群变现率也会越高。这里给出社交平台中的主要拉新技巧。

(1) 以老带新

如果把我们自己定位成一个新用户,那么我们关注一个新平台,会是基于什么原因?

当然是想获得些什么吧,或者娱乐,或者知识,或者利益。那么从老用户的角度看也是一样的。平台能够满足老用户对娱乐、知识或利益的需求,老用户就有可能通过口碑分享带来新用户,如用户在知乎上进行信息的分享和问题的解答。

(2) 砍价助力

砍价助力的关键是激发用户的占便宜心理,并伴有及时反馈,让用户感觉只差一点就可以达到目标,且针对新用户的激励力度更大,如 iPhone 等产品有巨大折扣等,因此很容易造成泛滥或社交压力。目前砍价助力对下沉市场用户较为有效。

(3) 地推拉新

地推拉新涉及的成本较为复杂,主要包括人员成本、宣传物料成本、交通成本、场地成本、礼品成本等,所以企业采用这种技巧进行拉新会比较谨慎。但是因为地推拉新增加了面对面的环节,拉到的新用户多半更加可靠。通过地推等方式拉进大批量用户,然后进行层层筛选，留下真正的核心用户，是用户群起步时很好用的一种技巧。

具体步骤是，先确定人群，如爱尝鲜的年轻人、旅游爱好者、自由行爱好者、购物达人等。然后找到他们可能聚集的目标区域：目标对象若以小区居民为主，那就"扫楼"；目标对象若以购物达人为主，那就在商场；目标对象若是学生，那就去校园。在目标对象的聚集区域内进行拉新常常事半功倍。

（4）用户群打卡、签到

用户群打卡、签到的特点是将裂变巧妙地结合在产品中，具有诸多正向循环的好处，如薄荷阅读的英文阅读需要打卡才能标记"完成学习"，对分享者形成了正面的社交影响，促使用户进行较高频率的分享，而非用户看到分享内容后所产生的学习焦虑也容易促进转化。拼多多企业内购每日打卡获取津贴奖励的方式可以提高用户留存率。

（5）海报

相较于用户转化率高的用户群打卡、签到，将海报分享到微信朋友圈的形式更直接。这种拉新技巧带来的新用户虽然数量少，但质量高，因为微信朋友圈已经为目标用户做了一层过滤，对微信朋友圈中的产品感兴趣的用户就是潜在用户。海报设计是关键，设计的重点不是海报的美观度，而是将一些远超成本价值的内容展现在海报中。

【案例 3-2】

小米公司利用互联网直销和社交媒体营销实现销售奇迹

在当今的数字化商业环境中，多渠道融合已成为企业实现营销目标和提升销售业绩的关键策略。对小米公司而言，将互联网直销与社交媒体营销进行有机结合，构建起一个无缝衔接、相互促进的多渠道营销体系，是取得销售奇迹的重要举措。

小米公司充分利用互联网平台的交易功能和社交媒体平台的传播与互动功能，实现销售流程的优化和用户体验的提升。在产品推广阶段，小米公司首先通过社交媒体平台预告新品发布信息、展示产品特点和优势等，吸引用户的关注。这些内容通常以图片、视频、文字等形式呈现，具有较强的视觉冲击力和传播力。例如，在发布手机新品前，小米公司会在微博、微信等社交媒体平台上发布一系列预热海报、短视频和文案，引发用户的猜测和讨论，制造话题热度，吸引潜在消费者的关注。

小米公司会利用社交媒体平台的互动功能，如评论、点赞、分享、投票等，与用户进行互动交流，了解用户的需求和反馈，及时调整产品推广策略。例如，小米公司会在社交媒体平台上发起关于产品功能、设计、价格等方面的投票活动，收集用户的意见和建议，为产品的优化和改进提供依据。

引导用户对产品产生兴趣后，小米公司通过在社交媒体内容中嵌入购买链接或引导用户前往官网、电商平台等直销渠道进行购买，实现从社交媒体流量到销售转化的无缝衔接。例如，在微博、微信的产品推广内容中，小米公司会附上官网或电商平台的购买链接，用户只需点击链接即可进入购买页面，方便快捷地完成购买流程。此外，小米公司还通过社交媒体平台开展限时优惠、团购、秒杀等促销活动，刺激用户的购买欲望，提高销售转化率。

在购买完成后，小米公司利用社交媒体平台与用户保持沟通和互动，提供售后服务、收集用户评价、促进用户口碑传播等。例如，用户可以在社交媒体平台上向小米公司官方账号反馈在产品使用过程中遇到的问题和建议，小米公司会及时回复和解决用户的问题，提升用户满意度。用户还可以在社交媒体上分享自己的购买体验和使用心得。这些用户生成内容（UGC）又会成为新的营销素材，吸引更多潜在用户的关注和购买。

通过这种多渠道融合的策略，小米公司实现了互联网直销与社交媒体营销的优势互补，形成了一个完整的营销闭环。一方面，互联网直销平台为用户提供了便捷、高效的购买渠道和优质的售后服务，提升了用户的购买体验和满意度；另一方面，社交媒体平台为产品推广、品牌传播、用户互动提供了广阔的空间和强大的传播力，提高了品牌知名度和产品曝光度。两者相互配合、相互促进，共同推动了小米产品的销售和品牌的发展。

拓展练习

选择一款社交 App，结合该 App 的特点，设计一场平台拉新活动。要求如下。
1. 可以参考成功的拉新案例。
2. 以小组为单位完成任务，要求分工明确。
3. 要注明时间、地点、活动内容、参与人员等，以 Word 的形式呈现。

活动 3.2.2　熟悉自媒体平台的拉新技巧

做中学

大多数运营人员都背负着拉新的 KPI，同一产品在不同时期所需要用到的拉新平台和拉新技巧也不相同。那么怎样才能在社交平台上脱颖而出呢？

必备知识

在自媒体时代，来自四面八方的声音使主流媒体的声音逐渐变弱。人们基于其独立获得的资讯做出判断。微博、微信、抖音及新兴的视频网站构成了自媒体现存的主要表现渠道。

1. 自媒体平台

自媒体又称"公民媒体"或"个人媒体"，是组织机构或个人通过网络途径发表自己观点的途径及进行新闻传播的方式，是多样化、平民化、普泛化、自主化的传播者，是以现代化、电子化的手段向非特定的大多数人或者特定的单个人传递规范性或非规范性信息的新媒体的总称。

2. 自媒体平台的优势

由于自媒体平台具有多样化、平民化、普泛化等特点，因此自媒体的门槛低，任何人都可以做自媒体。自媒体平台将话语权赋予普通民众，如让使用者将他们的观点以多种形式表达出来，便于其他用户更好地去了解想要了解的东西。如抖音平台的"新农人计划"，在符合当下趋势的同时，让更多的抖音用户了解"新农人计划"，也让更多的有志青年加入其中。

（1）平民化、个性化

自媒体平台让人们从"旁观者"转变为"当事人"，让人们可以更好地使用自己的话语权。无论是工人、学生，还是农民，都可以在自媒体平台上表达自己的观点，记录自己生活的点点滴滴，构建自己的社交网络。

（2）低门槛、易操作

自媒体相对于传统媒体而言，节省了大量的人力、物力和财力，也没有传统媒体的门槛高。互联网让"一切皆有可能"，企业运营人员可以在自媒体平台上进行宣传，让用户足不出户就能了解自己感兴趣的产品的信息。

在新浪博客、优酷播客等自媒体网站上，用户只需要通过简单的注册流程，就可以利用版面管理工具，在网络上发布文字、音乐、图片、视频等信息，创建属于自己的"媒体"。其门槛低，操作简单，受到了大家的欢迎，并因此得到了迅速发展。

（3）交互强、传播快

自媒体的快速发展得益于它不受时间和空间的限制，在任何时间、任何地点，人们都可以经营自己的"媒体"，使信息迅速地传播，时效性大大增强。自媒体能够迅速地将信息传递给用户，用户也可以迅速地对信息传播效果进行反馈。自媒体与用户的距离几乎为零，其交互性的强大是传统媒体望尘莫及的。

3. 自媒体平台的拉新

如果产品是缸，用户是水，拉新就是往缸里灌水，流失就是水从缸中漏出，最终留存多少用户的关键在于"灌水的量要充足，漏水的窟窿要堵住"。

（1）了解拉新的方法

运营人员在进行自媒体拉新前，要了解拉新的方法。拉新的方法主要有借助圈子营销、媒体广告及自有传播渠道这 3 种类型。对用户进行精准定位是圈子营销的核心，主要是将目标用户锁定在一定范围内，并在圈子里传播引爆，形成良好的口碑。这种方法的成本较低，一般在产品启动初期采用，会取得较好的营销效果。媒体广告主要是针对陌生人进行传播，可以大范围提高产品的知名度，打造品牌影响力。媒体广告既可以是电视、户外广告等线下广告，也可以是门户网站、网络视频等线上广告，还可以是各类 App 信息流广告。自有传播渠道是指在形成一定的品牌知名度后，企业搭建的属于自己的渠道。

（2）制定拉新的策略

运营人员根据自家产品的特性，制定自家企业的拉新策略也是极其重要的。运营人员要了解自家的产品，明确自家产品的目标用户群。面对用户需求多样化的市场，在进行目标用户群选择的时候，一定要从细节出发，如滴滴出行在初期主要向打车难的用户提供服务；饿了么在初期主要向校园用户提供服务。在定位目标用户群后，就要寻找合适的渠道，根据产品特性选择合适的网站进行宣传，但是由于可用渠道过于丰富，因此要对目标用户群的特征有一定的了解。如飞机场的主要用户群是高级差旅用户；激萌的主要用户群是年轻、喜欢自拍的女士。在确定拉新策略前，还有重要的一步，那就是对标研究。要关注行业内的动态，研究竞争对手的拉新方法，了解其在产品启动期、成长期、成熟期等不同生命周期采取的关键举措及取得的成果。对标研究后，要结合竞品的用户群、渠道分析其拉新策略，从而洞察其中的商业逻辑。

（3）分析数据，聚焦重点渠道

无论是平台拉新，还是自媒体拉新，想获得进一步的发展，都需要依靠数据。根据渠道投放导向，渠道推广效果包含用户转化和订单转化两个部分，可以分别通过用户转化率、订单转化率来衡量；同时可以结合推广成本，分析各个渠道的 ROI 和投入成本，数据来源于自有渠道、合作方及第三方数据平台等。

【案例 3-3】

Keep——从用户拉新到商业化裂变

2019 年 7 月 6 日，Keep 官宣总用户突破 2 亿名。这意味着，地球上每 35 人中就有一个"Keeper"。这家飞速成长的创业独角兽企业，有着怎样的成长秘密？在庞大的用户群面前，它将如何实现商业化变现？

根据 Keep 公布的数据，在使用 Keep 的用户中，女性用户占比超过男性，且年轻用户居多。在 Keep 上，有很多高吸引力、易上手的课程。Keeper 可以根据需求，寻找适合自己的健身课程。比如"小腿按摩"课程，是为跑步爱好者、长期穿高跟鞋的女性和久站人群准备的，帮助他们放松小腿的肌肉。这些课程既简单又方便，在家就可以完成，而且不需要花费太多时间，瞄准了年轻人对"懒人减肥"的强烈需求。

怎样吸引年轻女性关注呢？Keep 首位践行者主演的电视剧热播，因为剧中的完美男友形象，迅速圈了一波"女友粉"。在应用商城的 Keep 下载页面里，粉丝们对其热烈地表白。Keep

借势发起计划，请该践行者在 Keep 的 App 内"现身"，限时"营业"，邀请用户加入打卡小分队，通过 7 天打卡，完成任务者可获得与该践行者第一视角的"约会"视频、健身技能干货等内容。

于是，Keep 把健身变成"延续性交付体验"——给不了成功的结果，就给成功的体验。Keep 运用"游戏化思维"，让健身这件"苦差事"，有了不断升级打怪的感觉。

在 Keep 中，这种虚拟的成长值及权益既没有让人心动的物质奖励，也不能成为新的"社交货币"。关掉 App，这些积分、徽章与排名就失去了意义。游戏化的思维没有错，但怎么玩得更好，还需要顺势思考。

拓展练习

打开搜索引擎，输入关键词"自媒体平台拉新"进行搜索，思考以下问题。

（1）自媒体平台拉新的方式是什么？为什么要拉新？拉新的途径有哪些？

（2）自媒体拉新的方式适用于所有企业吗？

分组讨论，整理讨论的内容，形成一份关于自媒体平台拉新的总结报告，各组之间分享成果。

活动 3.2.3　技能训练：学习引流方式

如今的自媒体可以说是粉丝时代，只要账号有粉丝，就有可能带来很可观的收益。而想要在自媒体平台上不断引流，需要做到以下 4 个方面。一是坚持更新内容，为避免粉丝流失，需要长期坚持内容的输出。二是内容要垂直，好的内容能够吸引粉丝，但是好的内容一定能够长期留住粉丝。三是学会通过其他途径引流，想让更多的用户关注自己的账号，就不要局限于在某一平台引流，而要学会借助多种平台，如知乎、抖音、小红书等。四是多和粉丝互动，当拥有了一定量的粉丝之后，一定要学会与他们进行互动，如定期策划相应的抽奖活动或有奖问卷调查等。通过互动，不仅能够很快地吸引到粉丝的关注，还能够将一部分粉丝引流到自己的其他平台。

如今，短视频已成为主流信息载体。例如，抖音作为当下最火爆的短视频平台之一，引得众多自媒体人、明星、企业竞相入驻，其内容更是涵盖了生产、生活的各个领域，流量规模庞大。

在智能化的时代，运营人员完全可以将一些操作起来比较复杂的工作交给抖视小通来做，如关键词管理、视频剪辑等。

1. 整理关键词

可以在抖音上搜索某个关键词，然后找到其下拉词，整理出来备用。当然，也可以借助巨量算数平台去查看哪些词比较热，搜索的用户比较多。不想一个个地整理的话，也可以借助抖视小通批量生成长尾关键词，如图 3.8 所示。

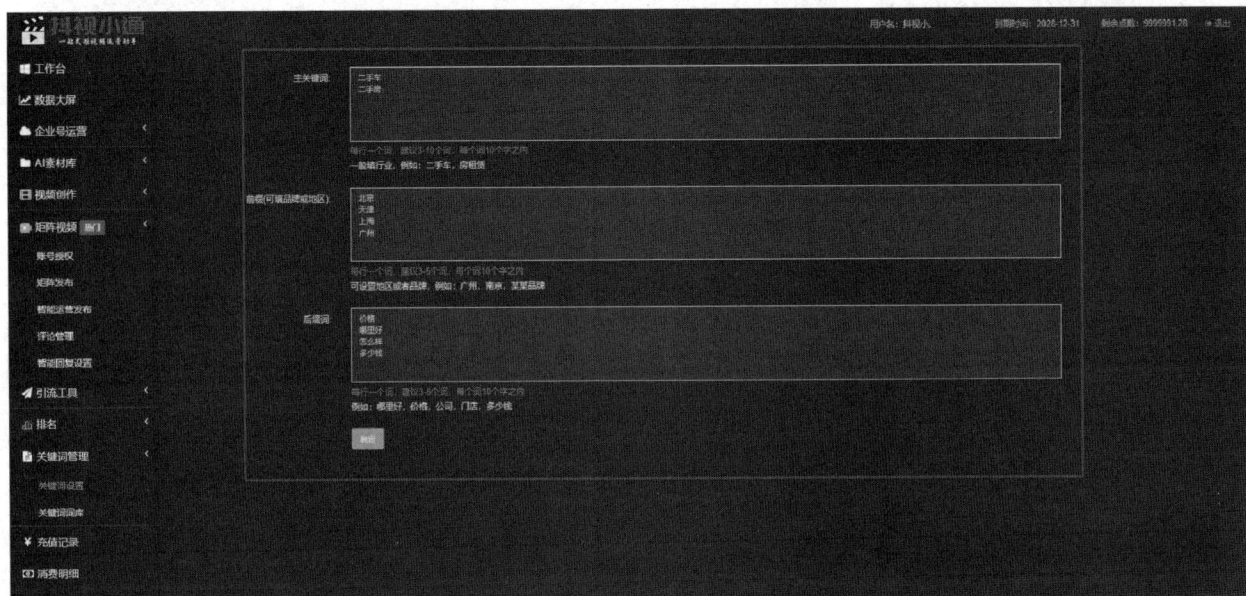

图 3.8　整理关键词

2．根据关键词创作并剪辑视频

视频是引流的关键，只有源源不断地生产出新的内容，才会被抖音平台不断地推荐。同时，某个账号持续更新同一类型的作品，也会提高权重，从而在用户搜索的时候优先被展示。因此，结合热点话题和用户兴趣点创作视频，并在标题和描述中加入合适的关键词，能够更好地抓住用户的眼球，增加视频的播放量和分享率。

视频创作完成后，可以借助抖视小通剪辑视频，如图 3.9 所示。

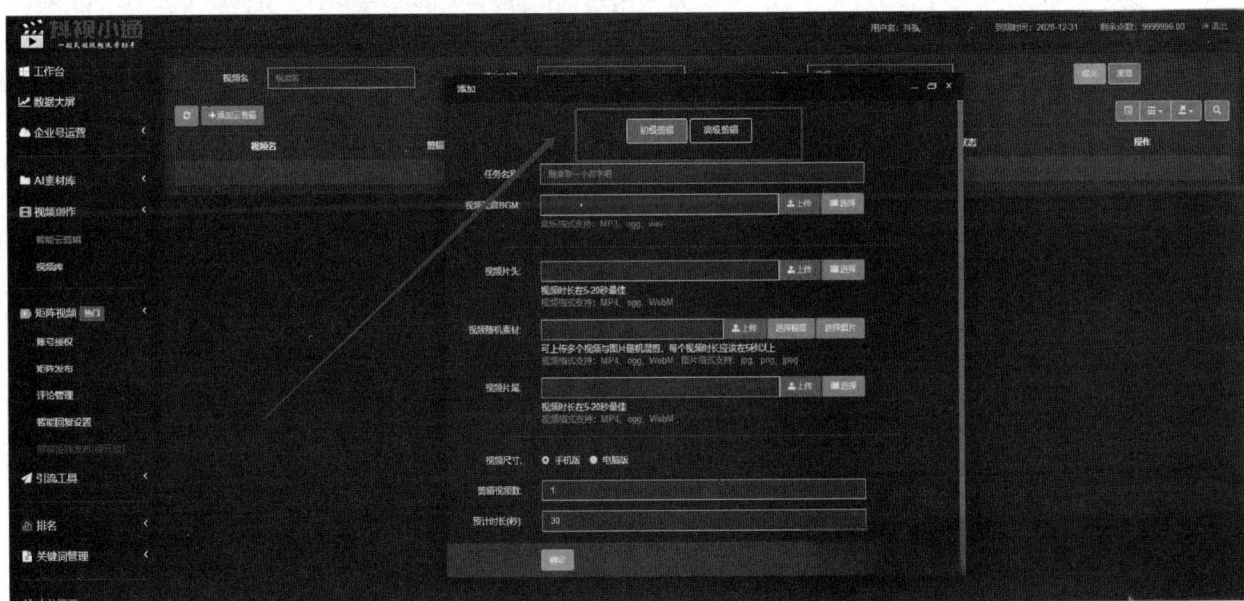

图 3.9　剪辑视频

3．发布视频

对于剪辑好的视频，可以借助抖视小通的"矩阵管理"板块进行智能发布，如图 3.10 所示，只需要填写基本信息，上传剪辑好的视频，就能同时将其发布到多个平台。这样做的好处就是，这个视频在每个平台都是首发，可以获得较多的流量推荐。先在一个平台发布，再去别的平台发布的话，就很有可能被其他平台判定为搬运作品，从而减少作品的推荐量。

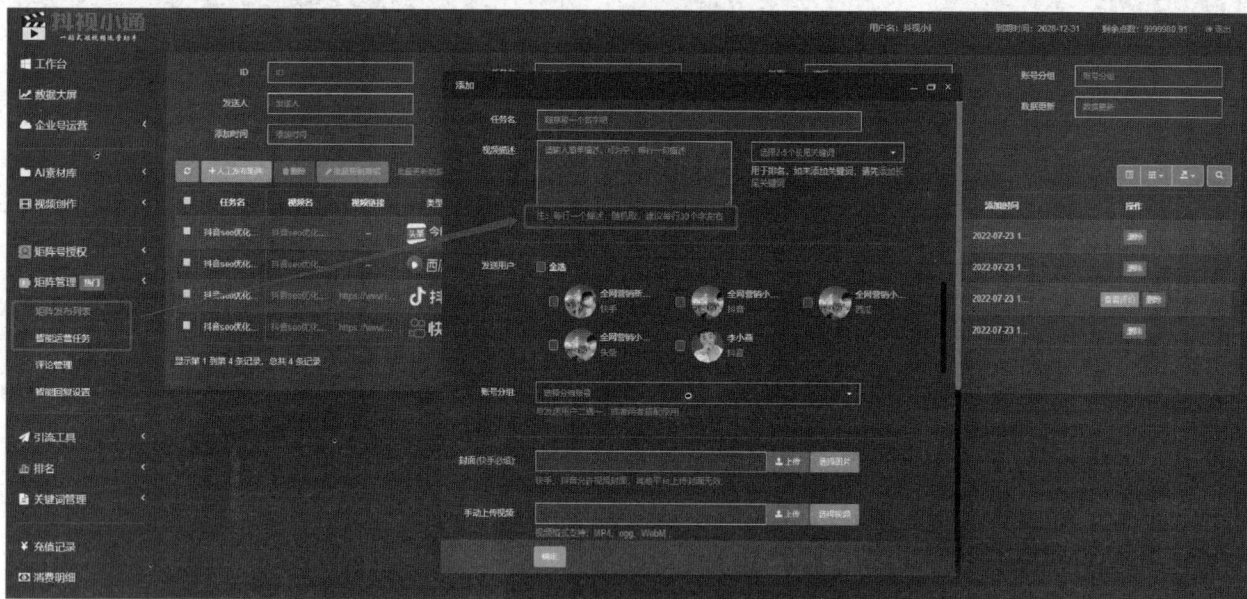

图 3.10　发布视频

众所周知，视频合集的权重比单个视频的权重大，因此可以将同一系列的视频放到一个合集里，从而提高视频的权重。

4.　借助工具优化排名

抖视小通还可以对视频作品进行排名优化，其内置的排名查询系统可实时监控关键词的优化状况。图 3.11 所示为抖视小通的优化效果展现。

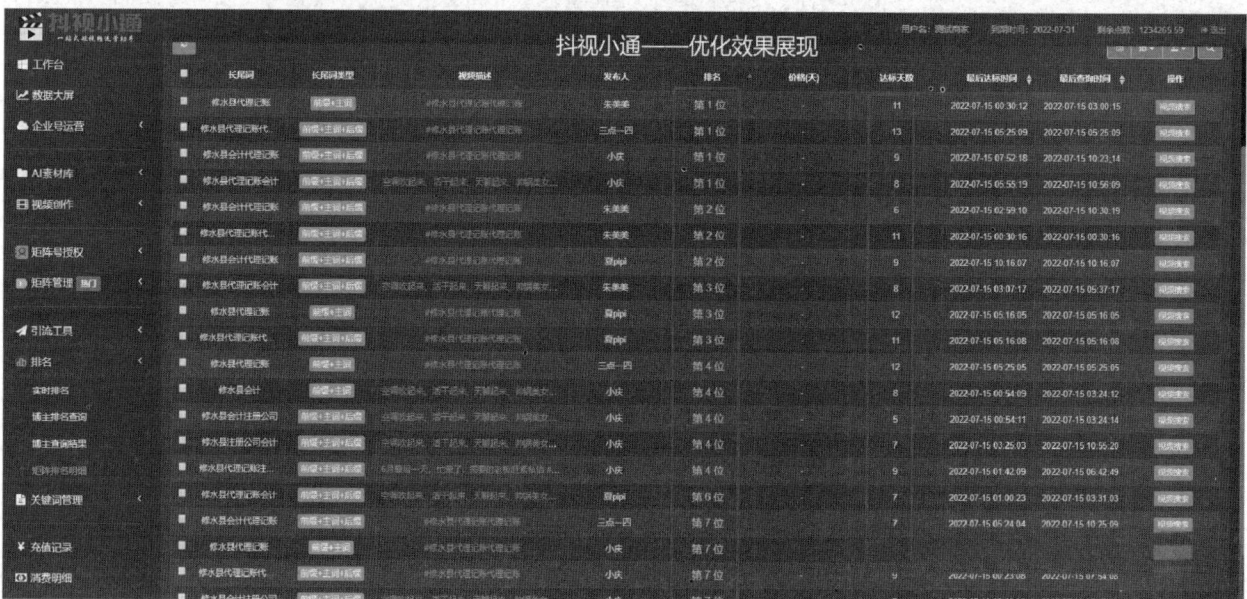

图 3.11　借助抖视小通进行排名优化

教师点评

思政园地

"如 e 助农"——跑出乡村振兴"加速度"

"家人们，这是我们平园池村的珍珠白玉藕，淀粉少、味甘多汁，清炒或生吃都可以，清脆爽口……"在如皋市城北街道平园池村，许多电商达人都在藕池边搭起了直播间，将莲藕的优点直观地展现给观众，吸引了众多网友的关注（见图 3.12）。

图 3.12　"如 e 助农"——跑出乡村振兴"加速度"

2022 年 10 月 15 日，"我在平园池等你"电商直播助力乡村产业振兴启动仪式在平园池村部大礼堂举办。"如"约看发展，e 路奏"皋"歌，该活动作为如皋市委网信办 2022 年网络文化活动的子活动之一，通过"本地主播+邀请网红"的模式开展电商直播带货助农活动。截至 2022 年 11 月 3 日，直播间累计销售莲藕、茶树菇、无花果等特色农产品 1 000 余斤，实现增收 2.9 万余元。直播带货为农村产业带来了活力，让乡村"滞销"的好物在市场上"畅销"。

在此次活动中开设的"平园池生鲜"抖音号，用于直播带货，定期发布有特色、有品质、有烟火气的短视频，用"土味"勾起乡愁、用美味激活味蕾、用情味温暖人心、用趣味吸引流量，充分发挥新媒体赋能优势，为乡村振兴注入新动能，助力农业增效、农民富裕，为美丽乡村的画卷增添绚丽的色彩；平园池村党总支书记变身"网红"走进直播间，为本村特色农产品代言。

近年来，如皋市委网信办通过"互联网＋"助农模式，积极打造"如 e 助农"品牌，用直播带货、线上销售、网络公益等形式，培养一批正能量网络主播，组建一支热心助农自媒体队伍，宣传、推介当地优质农产品。

任务 3.3　实现用户群成员的自主裂变

问题引入

随着版本的不断升级，微信推出的功能也越来越多，微信群、朋友圈、公众号、小程序、看一看都已成为获取流量的聚集地。请问，它们中的哪个属于真正的流量池？如何从流量池中获取流量？

_____

_____

你知道吗

一个用户群组建起来，想必组建者是想让它成长并变得强大的，而一个用户群的人数往往不能一直保持一定的数量，会有人退群，也会有人进群。那么如何让用户群成员做到自主裂变呢？

活动 3.3.1　熟悉自主裂变的方式

做中学

裂变活动的种类繁多，一般可以分为用户群裂变、个人裂变等。用户群裂变已经成为企业拓展新用户必不可少的手段之一，那么运营人员为什么要做用户群裂变呢？或者说，在多种裂变方式当中，为什么用户群裂变是不可或缺的呢？

_____

_____

必备知识

1. 自主裂变的含义

流量池思维中有这么一句话："一切产品皆可裂变，一切创意皆可分享。"什么是裂变？裂变的本意是分裂变化。通俗地讲，就像细胞的分裂，一个变两个，两个变 4 个，能够呈指数级增长。裂变的本质是给用户提供价值，用户只有感受到价值才能介绍新人入群，实现裂变。

用户群裂变是通过诱饵海报面向种子用户进行推广，吸引种子用户进入用户群，并通过用户群内的自动化提醒话术，促使群成员完成海报转发任务，促进群成员带新用户进群，并循环这一过程的一种高效的用户数量增长方式。

裂变营销以传统终端促销的加强为基础，整合了关系营销、数据库营销和会务营销等营销方式的方法和理念。

2. 裂变的核心要素

裂变的核心要素包括以下几个环节。只有将各个环节的核心要素紧密联系起来，并做好各环节设计，才能保证裂变更好地落地。

（1）选择种子用户

种子用户数量的多少对裂变效果的好坏有直接影响。运营人员在选择种子用户时，要结合共同的圈层、共同的痛点、共同的利益、筛选的门槛这 4 个角度。

运营人员在进行用户群裂变时要利用好 App 某节点首页的位置，抓住关键流程节点加以引导，如淘宝或支付宝的支付完成页等，在支付完成的节点上通过抵扣红包触动用户，增加点击量。除了在节点首页，还可以在其他活动中进行引导，如可以与内部 App 合作，也可以与外部 App 合作，以此来获取对本次裂变活动感兴趣的用户。

（2）设计一个好的诱饵

所有获取流量的方式，其关键之处都是设计一个好的诱饵。这个诱饵必须具备实用性、通用性，因为只有这样才能适应大部分的人群，才能吸引更多的人。对一般的用户群成员来说，即使他们觉得这个用户群是很有价值的，也几乎不会主动地拉新人进群。要实现用户群裂变，就要考虑如何才能促进用户群成员拉新，利用自己的优势，制定用户群的营销策略，如邀请新人购买产品或拉新人入群的，邀请人和被邀请人都可以获得一份额外的奖品。如果能让用户群成员对奖品产生欲望，那么裂变成功的概率就会大大提升。策划裂变营销活动时，除了福利，最好还能加入有创意的和有趣的元素，让大家玩得开心。

（3）以价值驱动分享

联结的意义在于把有需求的人聚在一起，并且一起解决他们的需求。用户群产生联结的关键点在于价值，就是随时随地让用户感受到用户群的价值。

联结化思维，就是要打造用户群的价值，并以此为依托，让群成员从中增长见识、获得尊重与乐趣等，因此愿意分享，从而带动有相同需求的人一起参与，最终实现用户群裂变。

3. 自主裂变的方式

利益、趣味、价值三者是裂变的核心驱动力。只有让用户获利，才能让产品自带广告效果，实现增值。裂变是用户群运营的重要一环，也是实现用户数量增长的关键点。常见的自主裂变方式主要有以下几种。

（1）邀请裂变

邀请人参与活动，被邀请的人往往会获得相应的奖励，它背后的逻辑就是让老用户拉来新用户，给予新老用户奖励。

（2）助力裂变

助力砍价就是请好友来帮助自己获取利润，平台一方面可以获得口碑宣传，另一方面可以收获用户的订单，如拼多多的好友助力砍价活动就能达到很好的裂变效果。

（3）内容裂变

内容裂变是通过持续输出垂直、高质量的内容，吸引用户分享、转发，从而实现裂变，如知乎问答、公众号的文章，抖音、快手、微信视频号的短视频，B 站的长视频等。

（4）拼团裂变

拼团是一种很好的营销方式，可以通过拼团的方式让更多的用户参与进来，对用户有利，对商家也有利。用户可以低价买到自己想要的产品，商家可提升产品的销量。

（5）地推裂变

地推裂变是指通过在线下发放合适的礼品，让用户扫码关注或下载 App，从而实现裂变，如叮咚买菜、美团团购等。

（6）冲榜裂变

冲榜裂变是指通过榜单排名的方式，刺激参与活动的用户主动分享转发，从而实现裂变。这种方式一般会与分享裂变相结合，有时候也会与拼团裂变相结合，主要是利用榜单排名激发用户的攀比心理和胜负欲。

（7）分享裂变

分享裂变是一种很好的引流方式，是指基于产品让分享者进行分享，获得奖励和收益。分享裂变中，比较常见的是用户群裂变，即在群里通过一定的福利激励用户自主分享。如课程服务行业，可以通过赠送课程的方式让用户去分享，从而让更多的人知道。

【案例3-4】

不花一分钱，复制别人的项目赚钱

多年前，一个河南的小伙子看见有人在一个超市出口搭了个简易的台子卖手机充值卡，充 100 元话费送 100 元话费，打电话很便宜，但充的话费只能用于打电话，不能用于发短信，但是也非常吸引消费者。

小伙子发现，10 分钟就卖出去 5 张，一看卖得这么快，便趁人家不忙的时候，过去打听情况，因为这个超市还有另外一个出口，如果卖这个卡很赚钱，可以在另一个出口搭个台子卖。打听之后得知，卖卡的人是从老板那里批发的，每卖出一张卡可以赚 8 元，人流量大的时候，1 个小时能卖 30 张，能赚 240 元。这个超市每天人流量大的时间也就这么几个小时。交完场地租金，每天还能赚 1 000 多元。当然了，这个生意成本比较高，进货的时候一次进了 1 000 张。

这个小伙子就跟卖卡的人商量，让他第二天多带一个台子过来，再多带一些卡，他在超市的另一个出口帮他卖，每张只需提成 5 元。第二天，这个小伙子就在超市的另一个出口卖了 5 个小时，总共卖出去 100 多张卡，轻轻松松赚了 500 多元。

这个案例的本质在于，看见别人卖什么卖得好，果断地加入，但是最好不要自己进货，不要自己搭台子，而是借用别人的货，借用别人的台子，以最小的成本为自己赚钱。关键是，在这个过程中，别人还会告诉你一些宝贵的经验。以后当你走在大街小巷，看见别人卖什么卖得好的时候，不管人家是卖项链，还是卖皮带，你都可以过去看看，看看能不能让老板给你分点货，你帮他卖，然后给他分点钱。既然人家卖得好，就一定有卖得好的道理。你把货卖出去了，也是在帮他赚钱，他一定会将卖这个货的经验告诉你，这样，你不光卖货赚钱了，还学到了他的经验，这是借鸡生蛋的办法。

拓展练习

打开搜索引擎，输入关键词"自主裂变"进行搜索，了解更多关于自主裂变的知识。

分组讨论，整理讨论的内容，形成一份关于自主裂变的报告，各组之间分享成果。

活动 3.3.2　了解群体成员的管理

做中学

活跃的用户群可以持续数年，成员有黏性、有转化、有裂变。在进行群体成员管理时需要考虑哪些因素？你认为群体成员管理的流程是什么？

_____

_____

_____

必备知识

随着社交平台的发展，用户群如雨后春笋般蓬勃发展。大部分人都有被别人拉进群的经历，从最开始的 QQ 群，到现在的微信群，如今人们的生活已经离不开用户群了。用户群可以用来整合资源。新媒体时代是流量的时代，流量越大，机会就越多。

1．群体

群体是相对于个体而言的。群体是指两个或两个以上的人，为了达到共同的目标，以一定的方式联系在一起并进行活动的人群。

群体有正式群体和非正式群体之分。正式群体是指由一定社会组织认可的，有明文规定的，成员有固定编制的，有明确的权利和义务的，有明确的职责分工的群体。非正式群体是指没有明文规定的，成员没有固定编制的，成员之间的相互关系带有明显的情绪色彩的，在心理、动机一致的基础上自发形成的群体。

2. 群体的特征

群体作为一种由人组成的有机组合体，时时刻刻都对个体和组织产生着影响，并由此体现出自身的特征。其本质特征表现如下。

（1）成员的目标共同性

群体的形成，是以若干人共同的活动目的为基础的。正是有了共同的目标，他们才能走到一起并彼此合作，以自己之长弥补他人之短，以他人之长弥补自己之短，使群体的能量超出个体的能量之和。群体的这一特征也是群体建立和维系的基本条件。

（2）群体自身的相对独立性

群体虽然是由很多个体组成的，但一个群体又有自己相对独立的一面，有自身的行为规范、行动计划，有自己的舆论，而这些规范、行动计划和舆论，不会因为个别成员的去留而改变。

（3）成员的群体意识性

一个群体之所以能对各个成员产生影响，就是因为成员之间在行为上互相作用、互相影响、互相依存、互相制约。在心理上，彼此之间都能意识到对方的存在，也能意识到自己是群体中的成员。

（4）群体的有机组合性

群体不是单独个体的简单组合，而是一个有机的整体。每个成员都在这个群体中扮演一定的角色，有一定的职务，承担一定的责任，并且一边做好自己的工作一边配合他人的活动，使群体成为一个聚集着强大力量的活动体。

3. 群体成员的管理方法

在用户群管理过程中，人们会遇到各种各样的问题，如有人不认同用户群运营理念、用户群成员不和、大家只发链接没有互动等。管理好群体成员需做到以下几点。

（1）在用户群建立之初就制定群规，放在群公告内，让所有进入用户群的人一开始就能了解用户群的规则。

（2）出现分歧时，及时私聊沟通，了解成员的需求，从而解决问题。

（3）用户群管理的基础就是服务，只要做好服务，一般都不会有太大的问题。

【案例 3-5】

某联合化学公司的群体成员管理

马林是某联合化学公司流程设计中心的主任，手下有 8 名工程师，均为男性。多年来，小组成员之间关系良好。随着工作任务的增加，马林招聘了一名刚刚获得某名牌大学工学硕士学位的女性——姜丽,让她加入一个旨在提高设备运行效率的项目小组。该项目小组原先只有 3 人,由巩森担任组长。作为一名新成员,姜丽非常喜欢这项富有挑战性的工作,因为工作能够使她发挥专长。她工作非常认真,对项目小组的其他成员也非常友好,但在业余时间,她从不和同事闲聊。由于工作努力,姜丽总是率先完成组长分配给她的任务,还经常帮助其他同事。

5 个月后,巩森找到马林反映项目小组的问题。巩森汇报说:"姜丽骄傲自大,好像什么都懂,对同事不友好,大家都不愿意和她一起工作。"马林回答说:"据我所知,姜丽是个优秀的工程师,成绩很突出。大家对她的印象这么不好,这怎么可能呢?过几天我找她谈谈。"一周后,马林找姜丽谈话,说:"姜丽,自从你来到流程设计中心,工作很勤奋、能力很出众,我非常赞赏。但是,听说你和同事的关系处理得不好,怎么回事?"姜丽大吃一惊,回答说:"没有啊!"马林提醒道:"具体一点,就是有些同事说你骄傲自大,好像无所不能,而且常常对他人的工作指手画脚。"姜丽反驳道:"我从来都没有公开批评过其他同事。而且,每当我完成自己的任务后,还经常帮助他们。"马林问:"为什么别人对你的意见那么大呢?"姜丽感到愤愤不平,说:"那几位同事根本没有尽全力工作,他们更热衷于足球、音乐、酒吧。还有,他们从未把我当成一名称职的工程师,仅仅把我看成一个闯入他们专业领域的女性。"马林说:"工程师的考评与激励属于管理工作,你的职责是做好本职工作。关于性别,公司招聘你只是因为你的能力、学历符合条件。好好干,把管理问题留给我。"

现代社会高速发展,以至于很多工作仅靠个人的能力很难顺利完成,必须组建团队并合众人之力攻克难关。这就使得人们越来越重视团队的建设,以及与之相关的各种问题了。

本案例体现了一个典型的团队管理问题:随着工作任务的增加,项目组现有的人手已经不足以应对,致使管理者必须给小组增派人手以便把工作任务完成。然而,人力资源并不像优盘那样即插即用,那么,管理者如何才能使新鲜的"血液"更快、更好地融入现有的"血液循环系统",并共同完成最终的目标呢?新成员的加入意味着原来的团队会进行重组并形成一个新的团队。当然,原来的团队在名义上依然存在,只是团队内部发生了一些变化,而恰恰就是这些内部的变化导致了各种各样的新问题产生。

文中的项目小组表现出哪些群体动力方面的特征?你认为马林应如何处理项目小组出现的问题?

⚙ 拓展练习

打开搜索引擎,输入关键词"群体管理"进行搜索,思考以下问题。

(1)群体管理的核心问题是什么?群体是指什么?要如何进行管理?群体成员管理的意义是什么?

（2）群体成员和团队成员的区别是什么？

分组讨论，整理讨论的内容，形成一份关于群体成员管理的书面报告，各组之间分享成果。

活动 3.3.3　技能训练：自主裂变管理

自主裂变能够为企业注入持续的增长活力并构建竞争优势。激励现有用户主动邀请新用户加入，能显著减少传统广告和市场推广的费用。在参与裂变活动的过程中，不仅用户数量增加了，互动频率也提升了，这进一步促进了用户活跃度和参与感的增强。通过不断地进行策略优化和活动迭代，企业能够实现用户的稳健增长与持续发展。

1. 制定裂变策略

运营人员需要明确裂变的目标，如增加用户基数、提高用户活跃度、提升品牌知名度或增加收入等。明确目标可以帮助运营人员设计更有针对性的裂变活动。深入了解用户，包括他们的需求、兴趣、行为习惯等，可以帮助运营人员设计出更符合用户需求和兴趣的裂变活动，从而提高活动的参与度和转化率。

请你为家乡特产在微信群的推广活动制定裂变策略，并填写裂变策略表（见表3.1）。

表 3.1　裂变策略表

序号	策略	原因
1		
2		
3		

2. 设计裂变活动方案

策划和设计有效的裂变活动方案需要细心规划和运用创新思维。请你结合已制定的裂变策略，根据裂变活动设计方案表（见表3.2）为家乡特产设计裂变活动方案。

表 3.2　裂变活动设计方案表

序号	步骤	具体内容
1	活动主题	1. 选择一个吸引人的、与品牌相关且易于传播的主题。 2. 确保主题能够激发目标用户的兴趣和参与欲望。 3. 主题应该清晰传达活动的核心价值和用户能获得的收益
2	活动内容	1. 设计有趣且易于理解的活动流程，让用户一目了然。 2. 内容需要与目标用户的需求和兴趣相匹配，可以是游戏、挑战、知识分享等。 3. 确保活动内容具有传播性，鼓励用户分享到他们的社交网络

续表

序号	步骤	具体内容
3	奖励机制	1．设计具有吸引力的奖励体系。奖励可以是物质奖励（如现金、优惠券、实物奖品）或精神奖励（如荣誉、徽章、特权等）。 2．奖励应该与用户参与活动的努力和贡献成正比，以激励更多的用户参与。 3．设置多级奖励，以鼓励用户邀请更多的朋友参与
4	裂变路径	1．设计简洁明了的裂变路径，让用户能够轻松地邀请他人参与。 2．路径不宜过长，避免用户在参与过程中感到疲惫和失去兴趣。 3．确保裂变路径的每个环节都能给用户带来价值和乐趣
5	推广渠道	1．选择适合目标用户的推广渠道，如微信朋友圈、QQ群等。 2．利用现有的用户资源（如微信公众号、App等）进行内部推广。 3．与合作伙伴联合推广，扩大活动的影响力和覆盖面
6	用户引导	1．提供清晰的用户引导，帮助用户了解如何参与和分享活动。 2．设计易于操作的参与流程，减少用户参与时的摩擦。 3．通过社交网络和口碑效应，激发用户的自发分享行为
7	测试与优化	1．在小范围内测试活动效果，收集用户反馈和数据，进行优化。 2．根据数据分析结果和用户反馈调整活动内容、奖励机制等，以提高效果

　　总之，自主裂变是一种强大的模式，具有滚雪球般的效应，能显著促进用户数量的增长。其核心在于精确识别目标用户，制定行之有效的裂变策略，并持续地对这些策略进行精细调整；通过不断地实施用户裂变，使激励业务持续开展，最终取得更大的商业成就。可以构建一个高效的自主裂变用户管理系统，并以此促进业务的稳健增长。请记住，用户裂变不是一朝一夕可以完成的任务，需要长期坚持和细心培养。只有持之以恒并精心策划，才能收获满满的回报。

教师点评

思政园地

浙江小伙用抖音教农民种地，粉丝量暴涨150万！

　　木南（此处为化名）是一名抖音农资博主。他戴着黑框眼镜，经常穿衬衫，看起来斯斯文文的。视频里，他不是出现在田埂间，就是在果园或沟渠边，说起话来滔滔不绝，内容全和农资有关。

　　2020年3月19日，木南第一次出现在抖音视频里——他穿着白大褂，站在药架子前介绍农产品，俨然一个专业的农资实验员。最初做抖音，他也没经验，账号很快进入涨粉瓶颈期。于是，他又下功夫研究抖音上其他账号的成功经验，逐渐意识到：必须从内容出发，讲农民朋友真正感兴趣的知识。

"不能自娱自乐。用户是谁？是农民。"木南总结：农业技术科普是当下农民的痛点之一。

新农人是木南的主要用户群。他们多处于30～50岁，会用手机和互联网工具，会拍照片和录视频，还会网购。他们不一定都有农业经验，但既愿意学习理论知识，又愿意向老农学习经验，接受农业科普知识相对更快。

然而，即使面对新农人，做农业知识科普仍需要极大的耐心。木南认为，这是他区别于其他视频博主的重要优势。

他理解农民朋友的局限性。很多科普知识，讲一遍，农民听不懂，得反复讲："要把他们当成小学生一样教。他们文化水平确实低，没有总结归纳的能力，你只能把这个东西拆开了讲，讲得慢一些，细一些。"

木南希望为农民多做点事，这也是他实现自我价值的一种方式。

项目 4
用户留存技巧

🔲 思维导图

能够根据新用户、老用户、活跃用户的特点
进行不同形式的互动，实现用户留存

能够配合团队策划社会化用户群体的活动，不
断创造优质内容，提升用户留存率

能够根据运营计划，持续发布对用户有价值的
内容

具备良好的文案写作能力及较强的逻辑思维能
力

具备良好的沟通能力和团队合作意识

具备较强的自我学习能力

具备较强的创新思维和创造能力

职业能力

通用能力

社会能力

发展能力

项目4
用户留存技巧

知识储备

任务4.1 区分不同用户的特点

任务4.2 掌握发布有效信息的方式

任务4.3 学会提升用户留存率的方法

项目实施

技能训练1：实现用户留存

技能训练2：针对运营计划发布有效信息

技能训练3：了解提高用户留存率的方法
和衡量指标

📝 学习目标

【知识目标】

（1）了解社会化用户的特征。

（2）理解社会化用户的类型。

（3）熟悉用户互动方式的要素。

（4）理解制订运营计划的目的。

（5）了解群体活动的含义。

【技能目标】

（1）能够使用 Excel 分析用户留存情况。

（2）能够针对运营计划发布有效信息。

（3）掌握提高用户留存率的方法。

【素质目标】

（1）培养法律意识：具备法律法规意识，尊重版权，注重防范电信诈骗。

（2）提高网络信息搜索能力：能够自主上网搜索有关用户留存的知识、案例，并与其他人分享成果。

在用户群运营中，用户进入用户群一段时间后，依旧留在用户群的成员就是留存用户。而用户留存率在很大程度上可以作为判断用户群运营价值的一个重要标准。留存率低意味着用户群运营不成功，不管是在用户群定位上，还是在用户群价值营造上，都是失败的。那么如何进行用户留存？在这个阶段，用户群运营的工作内容主要有 3 个方面。

本项目主要完成 3 个任务：区分不同用户的特点、掌握发布有效信息的方式、学会提升用户留存率的方法。

任务 4.1　区分不同用户的特点

问题引入

卖家会遇到不同类型的用户：有深思熟虑的、有走马观花的、有看重品牌的、有追求性价比的……如何才能留住这些用户呢？首先要对用户进行归类，然后对每一类用户进行分析，了解不同类型的用户的消费行为习惯及特征，最后有针对性地推出产品及服务，力求做到精准。那么，如何对用户进行归类和分析呢？可以利用用户群的思路，将同一类型的用户置于同一个用户群中，然后逐个对用户群展开分析。

_____

_____

_____

_____

你知道吗

营销的主体是用户，社会化运营是人人都能参与的病毒式营销。除了社会化媒体，社会化媒体用户的变化更值得关注。在过去几年内，用户的触媒习惯越来越倾向于移动社会化媒体，把手机作为上网的主要工具，习惯于移动即时通信应用；在社会化媒体应用功能进化的影响下，用户习惯分享的内容也从原来单一的文字信息转变为丰富的多元化信息，包括图片、视频、地理位置等；用户与企业之间的沟通也在发生改变。即时通信应用缩短了用户与企业之间的沟通距离，很多企业在不断部署自己的移动平台，使得用户与企业之间的沟通触点不断增加。同时，用户对企业的影响也在增大，企业越来越重视用户的评价，会根据用户反馈的信息对自己的产品和服务做出及时调整，以适应和把握不断变化的用户需求。

活动 4.1.1 熟悉不同用户的特点

做中学

请查阅资料并进行小组讨论：传统运营的用户类型有哪些？他们有什么特征？社会化用户的类型有哪些？与传统运营相比，社会化用户运营有什么不一样的地方？

_____

_____

_____

必备知识

1．社会化用户的特征

在对社会化用户的深度访问内容进行分析后，可以将社会化用户的使用动机和行为概括为如下 5 个特征（见图 4.1），作为用户细分的基础。

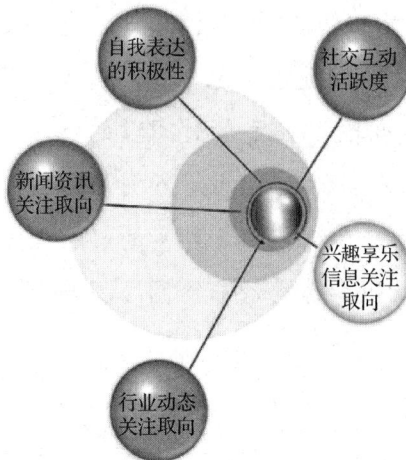

图 4.1 社会化用户的 5 个特征

一是社交互动活跃度。高社交互动活跃度主要表现为常常与好友进行互动，如评论好友的日志或状态、发布信息时@（提及）好友等；低社交互动活跃度则主要表现为很少与好友进行互动，以浏览好友发布的信息为主。

二是兴趣享乐信息关注取向。该取向的一端是偏集体取向的兴趣享乐信息，即倾向于关注与好友共同感兴趣的领域或公众人物的信息；取向的另一端是偏个人取向的兴趣享乐信息，即倾向于关注个人感兴趣的领域或公众人物的信息。

三是行业动态关注取向。该取向的一端是碎片化的行业动态，即在用社会化媒体的同时会关注行业动态；取向的另一端是集中化的行业动态，即不仅关注行业动态信息，还试图基于社会化媒体建构自己的行业小圈子，结识同行业人士并进行互动。

四是新闻资讯关注取向。第一类是偏轻松的新闻资讯，如娱乐、体育新闻等；第二类是偏严肃的新闻资讯，如时政、经济、教育、文化新闻等；第三类是偏社会热点的新闻资讯，主要通过社会化媒体关注当前的社会热点。

五是自我表达的积极性。积极的自我表达主要表现为愿意在社会化媒体上展示自己的个人生活动态或者表达对社会大事或见闻的观点；消极的自我表达主要表现为不愿意在社会化媒体上展示自己的个人生活动态或者表达对社会大事或见闻的观点。

2. 社会化用户的类型

综合社会化用户的 5 个特征，可以将其细分为以下 7 种类型，即集体爱好享乐型用户、O2O 圈子社交型用户、大众明星型用户、信息舒心解压型用户、社会环境洞察型用户、行业爱好沉醉型用户、社会资讯全面吸收型用户。应对各类社会化用户进行分析，并讨论哪类用户具有更高的转化率或者容易将关注转化为注册、购买、支付行为。

【案例 4-1】

饿了么"免单 1 分钟"活动

饿了么在微博、微信、抖音、小红书等平台发布"免单 1 分钟"活动（见图 4.2）。

参与方式：在"饿了么"App 上搜索"免单"可查看参与方式，通过提前一天公布的题目猜免单时间；每天会有多个时间段，在免单时间段的 1 分钟以内下单且订单金额小于 200 元则有机会免单。从活动规则来看，活动时间为 6 月 21 日至 30 日，参与地区也从部分区域扩展到了全国；饿了么官方表示该活动会成为夏季的日常活动。活动第 2 天，饿了么请来了某知名歌手为活动出题，歌手画了一幅谜之手绘图（见图 4.3），网友开始破解，引来热议。明星参与使得活动热度再次提升。

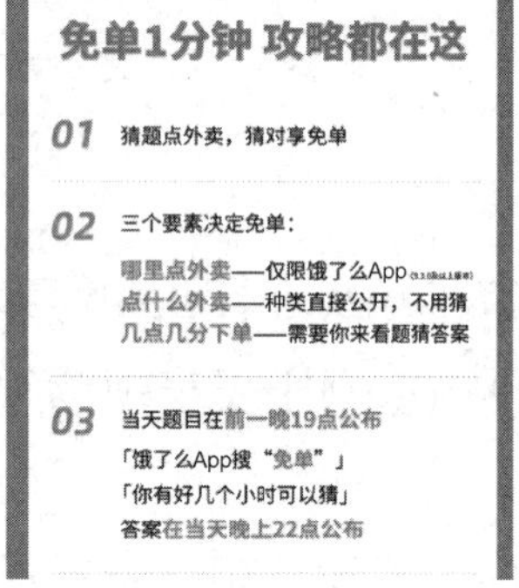

图 4.2 饿了么"免单 1 分钟"活动

图 4.3 谜之手绘图

饿了么利用用户的"白嫖"心理，快速引发关注。本次饿了么"免单 1 分钟"活动能在第一天就爆火，主要原因是利用类似于 bug 的营销，让收到免单短信的用户在社交平台分享自己的"白嫖"截图，很快被越来越多的人发现和讨论。

游戏化的趣味性，带来更多的社交传播机会。根据官方发布的攻略，每天晚上 7 点，饿了么官方都会发布一道题，鼓励用户参与这一解谜游戏，猜出第二天的免单时间。因为每一场的免单时间都是不同的，用户想要享受免单，就需要找到题中的线索。

拓展练习

打开搜索引擎，搜索更多的国内经典社会化营销案例，组内分享成果并讨论，总结各自认为的可借鉴之处。

活动 4.1.2 熟悉用户互动方式的要素

做中学

在活动前期要进行大量的推广，既要有线上渠道推广，又要有线下活动的曝光。活动前期利用各种自媒体渠道、行业 KOL（关键意见领袖）、"双微一抖"传播信息。当然，并不是说这种传播方式存在问题，相反，一个鲜为人知的活动，前期只能通过这种渠道被大众所了解。请大家查阅资料并联系生活实践经验，探索常见的用户互动方式。

_____

_____

_____

必备知识

互动是人与人之间的一种双向的交互行为。传播者与接受者之间信息的双向交流就是互动。在新媒体领域，互动已经成为一种常态。与用户互动是了解用户需求、改进用户体验、增强媒体吸引力的重要途径。激发用户参与互动的积极性的 8 个要素如下。

1. 运用物质激励

运营人员可以用物质奖励刺激用户参与某个行动的意愿，让用户参与活动的动机更强烈。

2. 引入小概率成功事件（抽奖）

人总是会憧憬自己有好运气。用抽奖、砸金蛋等小概率成功事件，往往更容易吸引用户的参与。引入这些事件的成本不高，即使结果不如意，损失也不大；若结果很好，那就赚了。

3. 营造稀缺感

"数量有限，仅有××组（个），抢完即止"等话术，能营造产品的稀缺感，带给用户更强烈的刺激感。用户对充裕的东西天然无感，而对具备稀缺感的产品则不同。假如发现产品对用户的吸引力有限，那么可以通过让它变得稀缺而使用户产生更强烈的行动动机。

4．激发竞争意识

若想让用户参与某件事的动机更强烈，不妨在其中加入竞争机制，如排名。竞争是人的天性，只要创造一些条件，就会将人们的这种天性释放出来。

5．赋予用户某种"炫耀+猎奇"的可能性

运营人员要给用户一个"炫耀""秀自己"的理由，让用户愿意把它分享到自己的社交平台，让亲朋好友与自己产生互动，给双方带来社交价值。想要用户基于自己的社交平台进行传播，"炫耀+猎奇"是不变的真理。

6．营造认同感

运营人员可依靠细节的刻画和理念的传递赢得用户的认可。

7．赋予尊敬感和被重视感

收到正式邀请函和生日惊喜、反馈意见得到及时回复等细节会让用户产生良好的感受，使用户有更强的意愿与这个品牌进行互动或对这个品牌更忠诚。

8．通过对比营造超值感

运营人员可通过一系列的对比，突出某个产品或某项服务的超值感，进而给予用户一个做出决策的理由。好东西往往是需要通过比较而被发现的。某些产品放在线上，目的可能不是售卖，而是突出另一些产品的超值感，帮助用户更快速地做出决策。

【案例4-2】

支付宝——祝你成为中国锦鲤

2018年国庆期间，支付宝联合全球200多个商家在微博上发起了一场"祝你成为中国锦鲤！"的微博活动，如图4.4所示。各大品牌广告商迅速加入，纷纷在评论区留下各自提供的奖品内容。而微博用户只需要转发微博，就有机会成为集全球独宠于一身的中国锦鲤。

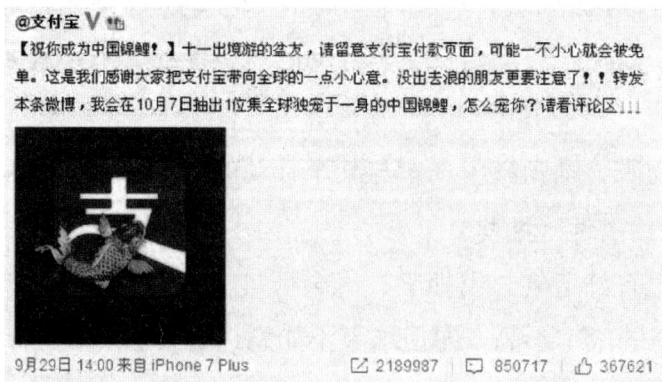

图4.4 支付宝"祝你成为中国锦鲤！"官方微博图

支付宝长期以来积累了大量的线上营销活动经验，并提前近2个月不断策划、联系、确定活动方案，反复核准，最终上线。

该活动成为微博有史以来势头最大、反响最强烈的营销活动之一。作为锦鲤式营销活动的首创者，支付宝功不可没，之所以这样讲，不仅因为有 200 多个商家参与该活动，还因为该活动打破了许多项纪录，而商家在这种极高的曝光量背后获得了巨大的收益，支付宝也收获了百万名粉丝，可谓共赢。中国锦鲤中奖者"信小呆"一夜爆红，两天内狂涨 85 万名微博粉丝，其本人表示"我下半生是不是不用工作了？"引来了无数网友的美慕。后来，网友纷纷转载信小呆的照片，希望能沾点儿运气，如"转载这个信小呆，你就可以收获爱情""转载这个信小呆，考试必过！"等，虽然这些和支付宝"祝你成为中国锦鲤！"活动已无太多关联，但却是锦鲤式营销活动的传播效应的具体表现。

拓展练习

打开搜索引擎，输入关键词"用户互动"进行搜索，思考以下问题。

（1）用户互动的意义是什么？成功的用户互动有什么共同点？

（2）用户互动的方式发生了哪些变化？

分组讨论，整理讨论的内容，形成一份关于社会化用户互动案例的分析报告，各组之间分享成果。

活动 4.1.3　技能训练：实现用户留存

一个电商应用在 2020 年 4 月上线，当月用户消费 1 次即留存用户，每月需要使用 Excel 统计用户留存情况。该如何做呢？

1. 设计取数表

观察 2020 年 4 月至 2021 年 5 月（一共 14 个月）期间，每个月的用户留存情况。利用同期群分析法设计取数表，如图 4.5 所示。设计好表格后，就可以准备数据了。

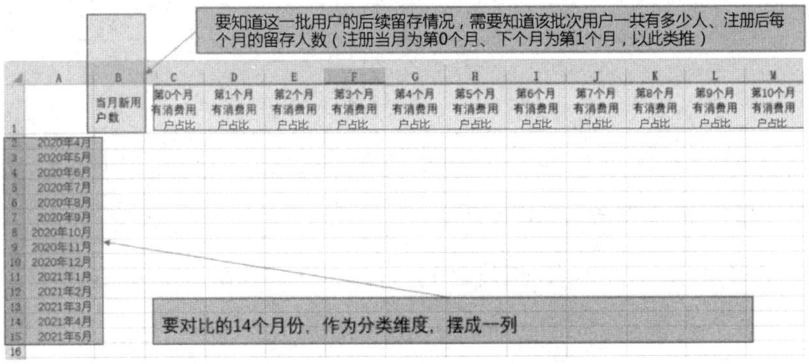

图 4.5　取数表

2. 观察首月数据态势

首月数据来自首批用户，其发展态势很有分析价值，从中总结出的一些规律可以为分析其他用户提供参考依据。计算出有消费用户占比（以此作为留存率）后，可以进一步制作柱状图（数量少且是连续数据时用柱状图），观察其消费情况，如图4.6所示。

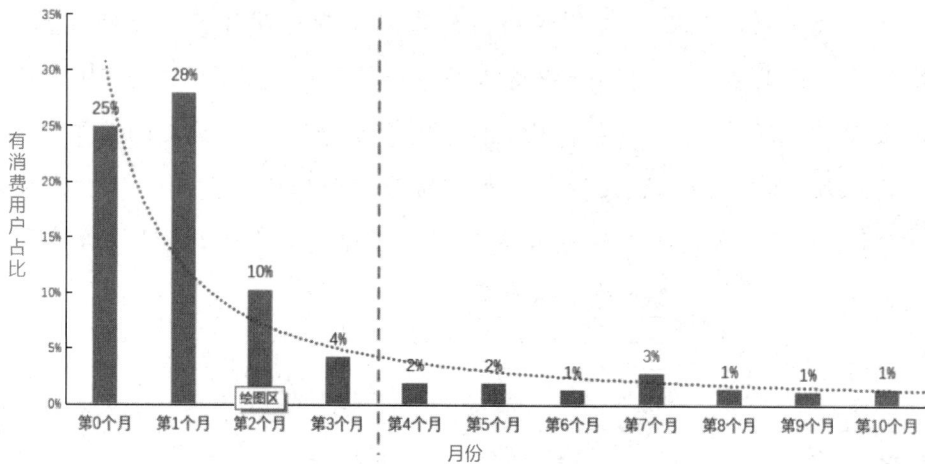

图 4.6　首批用户后续消费情况柱状图

3. 观察整体数据态势

仔细观察整体数据态势，如图 4.7 所示，会有 3 个发现。

月份	当月新用户数	第0个月有消费用户占比	第1个月有消费用户占比	第2个月有消费用户占比	第3个月有消费用户占比	第4个月有消费用户占比	第5个月有消费用户占比	第6个月有消费用户占比	第7个月有消费用户占比	第8个月有消费用户占比	第9个月有消费用户占比	第10个月有消费用户占比
2020年4月	10,000	25%	28%	10%	4%	2%	2%	1%	3%	1%	1%	1%
2020年5月	36,000	35%	14%	6%	3%		1%	3%	1%	1%	1%	2%
2020年6月	25,000	29%	13%	7%	3%		3%	1%	1%	1%	2%	1%
2020年7月	15,000	30%	12%	7%	3%		1%	1%	1%	2%	1%	1%
2020年8月	15,000	29%	11%	6%	8%		2%	1%	3%	1%	1%	
2020年9月	10,000	28%	12%	16%	4%		1%	2%	1%	1%		
2020年10月	12,000	27%	32%	7%	4%		3%	2%	1%			
2020年11月	40,000	36%	9%	5%	3%		1%	1%				
2020年12月	12,000	26%	10%	7%	9%		1%					
2021年1月	12,000	26%	10%	17%	3%							
2021年2月	10,000	25%	28%	7%	4%							
2021年3月	50,000	34%	7%	5%								
2021年4月	12,000	24%	8%									
2021年5月	12,000	23%										

图 4.7　整体数据态势

发现 1：新客的留存率越来越低。前两个月的新客还有 30% 左右的留存率，最后一个月已经跌到 1% 左右，说明推广效果不理想。

发现 2：有大促的月份（2020 年 5 月、11 月，2021 年 3 月）第 0 个月留存率很高，但是后续第 1、第 2 个月、第 3 个月的留存率比平时更低，说明大促有可能吸引的更多是"羊毛客"。

发现 3：第 3 个月以后，留存率大多稳定在 1%，说明根本没有沉淀多少核心用户，可能整体推广方式是有问题的。

看每个月获客人数与促销月份，运营越来越依靠大促拉新用户了。促销月份拉新用户越多，就越想着"毕其功于一役"，于是更集中在活动期投放，结果质量越来越差。

教师点评

　　　思政园地

反诈宣传员——大数据显示老年人喜爱分享反诈内容

　　在手机上刷资讯、搜信息、看视频成为当下"银发族"紧跟时代潮流的新习惯。在第九个"老年节"到来前，阿里巴巴旗下的 UC 大字版 App 数据显示，老年人不仅关注时事，注重养生，还能在面对花样迭出的电信网络诈骗时保持警惕。

　　2020 年年底，UC 针对老龄群体的使用习惯推出 UC 大字版 App，通过内容和体验的适老化升级，解决老年人在数字生活中遇到的各项实际问题。

　　在 UC 大字版 App 用户中，老年男性用户偏爱读新闻、谈军事、聊历史，闲暇时光看《亮剑》等经典剧集；女性老年用户则对旅游出行、美食烹饪、生活妙招更为热衷。

　　数据显示，在老年人搜索的关键词中，养老金、电信诈骗、种植牙、学用手机、染发等名列前茅。一方面，越来越多的老年人开始接受并享受手机为生活带来的各种便利；另一方面，面对花样迭出的电信网络诈骗，他们能时刻保持警惕。

　　老年人热搜的反诈相关问题涵盖了社群"福利"骗局、预存话费猫腻、电信诈骗套路、保健品陷阱等诸多方面。每当看到反诈知识干货，老人们不仅自己学，还热衷于将内容分享给亲朋好友。

　　值得关注的是，在 UC 大字版 App 搜索反诈信息的老年用户中，女性的风险防范意识普遍高于男性，成了左邻右舍中较为活跃的反诈宣传员。

任务 4.2　掌握发布有效信息的方式

　　　问题引入

　　较基础的社会化媒体营销方式是利用自媒体平台进行品牌的传播与营销。有了这个前提，才能从产品特性等不同维度策划出传播效果更好、反响更强烈的营销内容。那么发布什么类型的信息才能更加吸引用户？如何制订整体运营计划？

你知道吗

社会化媒体时代，每个人都是一个微媒体，人人都是信息的接收者，也是信息存储、转化、传送和发布等各个环节的处理者。信息通过用户进行的再传播行为，成为社会主流的传播方式之一。再传播，是指信息在首次传播后，经由其他媒介或个体而进行的再次传播行为，既是内容传播的动力，也是评判内容是否适用于用户的标准。无法获得再传播机会的内容，在社会化媒体时代是没有生命力的。因此，什么样的内容能获得再传播机会，已成为各个领域的实践者和研究者关心的问题。

活动 4.2.1　了解运营计划的内容

做中学

查阅资料，阅读不同的运营计划，了解运营计划的组成部分，想一想制订运营计划的作用是什么。

_____

_____

_____

必备知识

1. 制订运营计划的目的

项目的运营是离不开运营方案的，只有有了具体、合理的运营计划，运营才能有条理、有计划地进行。所需要制订的计划主要有战略性的计划和战术性的计划。只有有了既定的目标，项目才有运营的价值，才能将运营计划制订出来。例如，网站运营人员需要了解用户需求，通过与用户的深入交流了解用户想要的效果，根据用户的要求制订网站运营计划。

2. 制订运营计划的步骤

运营需要曝光、转化、留存、激活、裂变 5 个步骤。

曝光就是提升产品的知名度，可以以量取胜，包括信息流投放、KOL 介绍等，有钱的话还可以买赞助位，投放公交广告、地铁广告等。一般产品的曝光要从预热开始，还可以趁机搞一波付定金优惠。

转化就是让看到产品的用户产生购买行为，关键在于文案和活动能打动用户，找对宣传平台和 KOL。

留存就是让买过产品的用户复购，乃至对品牌产生黏性。还有就是打造品牌和产品文化，让用户感觉自己不仅是在使用产品，更是在享受一种品质生活，给用户使用和心理上的双重满足。如果是大家电这样的耐用品，同产品复购周期很长，就更要打造品牌和产品文化，让用户购买本品牌的其他家电。

激活是让沉淀在用户群或账号下的用户不沉底。很多进入用户群或关注账号的用户甚至没有一次消费，还在犹豫，这时候就需要不断地在用户群和账号中刺激这些用户，促使他们做决定。同时，想保证提高用户的复购性，就得让用户一直关注品牌的动态，喜欢该品牌，认同该品牌。

裂变也就是让用户成为宣传渠道，让老用户带来新用户。要做到这一点，一方面，要有激励机制，如拼多多"砍一刀"活动；另一方面，要打造文化认同，让老用户觉得用这个品牌的产品有面子，自然会推荐给别人。

其实运营思维就是用户思维，就是围绕用户来引流（获客）—留存—激活—变现（转化）—裂变（拉新、推荐），如图 4.8 所示。一方面，一次运营至少要完成从获客到转化的流程；另一方面，上面提到的 5 个步骤中，每一步都会有用户的流失。因此，如何缩短流程，吸引用户，最大限度地减少流失用户（虽然裂变会带来新用户，但有拉新意愿的用户比变现的用户少，模型体现的就是这部分有拉新意愿的用户），也是运营人员要考虑的问题。

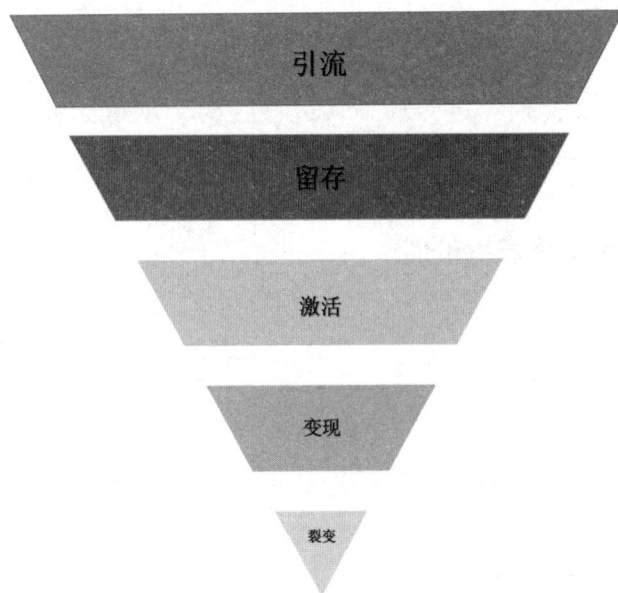

图 4.8　运营思维

【案例 4-3】

谷歌"猜画小歌"

2018 年 7 月，谷歌发布了一款名为"猜画小歌"的微信小程序，转眼间就在微信朋友圈里刷屏了！凭借"猜画小歌"这个"爆款"小游戏，谷歌让自己短暂地回到了中国用户的视野当中，并于 2019 年前后停止服务。谷歌"猜画小歌"微信小程序界面如图 4.9 所示。

猜画小歌　　　⋯　◉

图 4.9　谷歌"猜画小歌"微信小程序界面

该案例吸引用户参与的点就是 AI（人工智能）技术的应用。

谷歌为了能让更多的人享受 AI 所带来的福祉，通过"猜画小歌"这样一款人人都能参与的小游戏，帮助用户更好、更直观地体会和了解 AI。

谷歌让 AI 技术用一种温暖又有趣的方式走向大众，就像精于棋艺的 AlphaGo 一般，让人们确确实实地体会到 AI 技术的强大，并主动分享给身边的人。

拓展练习

打开搜索引擎，输入关键词"运营计划"进行搜索，了解更多运营计划的相关知识。

分组讨论，整理讨论的内容，形成制订运营计划的步骤，各组之间分享成果。

活动 4.2.2　了解发布有效信息的价值

做中学

新闻客户端、百科等平台以用户单向发布信息为主，营销效果主要依赖搜索和内容分发。这些平台不像社交平台，没有那么强的互动性，但优秀平台强大的内容分发能力和用户主动搜索的需求，都能让所发布的信息快速覆盖目标用户。这些信息一旦发布，就会带来持久性强的营销效果。请你在微博、微信公众号、小红书、抖音等用户群中搜索最近的热词，思考它们能够"热"起来的原因，并将讨论结果在小组内进行分享。

_____

_____

_____

必备知识

有效信息是指具有一定量和一定质的信息，既能排除认识上的不确定性，又能排除使用上的不确定性。与有效信息相对应的是无效信息。

1．发布有效信息的方法

在信息分类网站实现有效信息发布，具体可以分为以下 5 步。

第一步，确定信息发布的类目。信息类目归属要正确，以便有需要的用户可以更方便、更准确地查找到该信息。

第二步，核对信息内容是否真实、详细。发布什么信息，信息的内容是否真实可靠等，均会直接影响信息发布的质量，因此在信息分类网站发布信息时，一定要确保信息内容真实、详细。

第三步，在标题中使用易于理解且能基本完整地表述信息的关键字（词），确保文字简洁、准确。

第四步，上传真实、清晰的图片并加上辅助说明，吸引更多人的关注。

第五步，填写多个正确的联系方式，方便他人及时联系，如固定电话号码、手机号码、微信号、详细通信地址、E-mail 地址等。

2．发布有效信息的时间段

应注意发布信息的时间段，如早上时间段、下午时间段和晚上时间段。

（1）早上时间段

学习类用户群一般会发布早报，品牌类用户群会发布优惠信息，训练营用户群则会发布今日任务等。

（2）下午时间段

学习类用户群这时可能会抛出一个话题供用户讨论，品牌类用户群可能组织一场成语接龙之类的小活动，训练营用户群则会进行当日的训练成果分享等。这里的活动内容并不是固定的，只要适合用户群的定位即可。

（3）晚上时间段

学习类用户群可以按阶段性规划安排一场直播，品牌类用户群可以安排一些抢购活动，训练营用户群当然是打卡了。

3．发布有效信息的误区

（1）向用户过度推销。

（2）执着于数据表现。

（3）强调自我。

（4）引起公众愤怒。

（5）因嫉妒而抄袭。

【案例 4-4】

小米——为发烧而生

小米公司之所以每次进行产品发布后的销量都能创新高，和它的用户群营销模式是分不开的。那么，小米用户群营销为什么会如此成功呢？

小米公司主要通过3种方式聚集粉丝：利用微博获得新用户、利用论坛维护用户活跃度、在微信平台搭建用户服务体系。

1. 利用微博获得新用户

微博可以为小米公司带来较多的新用户，提升产品的关注度。由于微博的用户量大，因此在其中发布信息，可以获得很多的浏览量，其中不乏感兴趣的浏览者购买产品，成为小米产品的新用户。这种零投资、效果显著的宣传模式，值得其他商家借鉴。

2. 利用论坛维护用户活跃度

在论坛中，用户可以讨论产品功能及产品需要改进之处，实现与商家的交流沟通。除此之外，小米的设计人员还可以从论坛中获得新思路，从而进行更好的设计。《100个梦想的赞助商》微电影里，车身上的文字是小米MIUI（米柚）系统最初100位内测用户的论坛名，如图4.10所示。这些用户深度参与MIUI系统的设计、研发与反馈。小米为了表达对他们的感谢，将他们的论坛名写在了车身上。

图 4.10　《100个梦想的赞助商》微电影车身

3. 在微信平台搭建用户服务体系

小米在管理中机智地选择了用户量大的平台进行免费的宣传，事实证明这种选择是正确的。在微信中，小米客服可以随时与用户进行沟通，及时解决问题，这使得产品在宣传和销售过程中很难遇到阻碍，成为营销成功的重要手段之一。

在进行新产品的设计时，小米会发布设计信息，与用户在微博、微信等平台进行讨论，增强用户的参与感。除此之外，小米还会举办各种活动，培养用户的主人翁意识，从而使用户更加积极地参与到小米新产品的设计中，这也为小米的宣传奠定了很好的基础。这一点我们很难实施，因为大部分微商店铺还不具有如此众多的用户的支持，如果盲目地举办大型活动，可能会适得其反。

无论是小米的管理人员还是设计人员，都能与用户保持沟通，处于人人都是客服的工作状态，这使得小米在亲民方面拥有更大的优势。更多的人愿意支持、拥护小米，在很大程度上取决于它在营销模式及服务方面的优势，而这些优势是很多大型商家难以复制的。

小米用户群之所以成功，主要还是因为和用户建立起了紧密的关系，并通过讨论的形式，让用户拥有参与感，在讨论的同时，使用户更加了解产品，从而为后续的转化铺路。

拓展练习

打开搜索引擎，输入关键词"信息发布"进行搜索，思考以下问题。

（1）信息发布平台有哪些？有效发布信息有什么价值？

（2）用户运营信息发布和传统平台信息发布的特点一样吗？请举例说明。

分组讨论，整理讨论的内容，形成一份关于信息发布的调查问卷，各组之间分享成果。

活动 4.2.3　技能训练：针对运营计划发布有效信息

目标：提高品牌曝光度，增加粉丝量与互动量。

1．新媒体平台账号的注册

新媒体平台：QQ、微信、微博、博客、抖音等。做新媒体，主要就是通过新媒体平台增加推广转换率；扬长避短，优化用户体验，使品牌在用户心里占有一定的位置，塑造品牌形象。

申请注册微博企业官网账号。

注册微信公众号：名字要好听、容易被搜到、吸引人。

提高微信公众号的访问量和关注度，首先要做的就是在微信公众号上发布吸引人的文章，这是非常重要的一环，文章内容决定粉丝量。然后要做的是收集粉丝反馈的意见，时不时搞一点趣味测试活动和有奖问答活动。

2．新媒体平台账号的维护

（1）QQ、微信：定期更新日志，保持与用户互动。发布的日志和与用户互动的内容可以是公司的产品介绍、市场规模、新厂建设等情况。

（2）微博：发布一些品牌动态、产品动态、企业高管观点、风趣幽默的段子、与用户互动的图片、产品市场竞争情况等。每个月发布 10～15 条。

3．新媒体的宣传与推广

（1）充分利用本地资源，通过多种媒体进行宣传。

（2）利用网络推广。

① 收集本行业及竞争对手的相关资料并妥善保存，以备后用。

② 注册百度贴吧、百度知道、百度百科等网站的账号。

③ 申请一些权重高的社交平台的账号。

教师点评

思政园地

浅析某汽车品牌广告著作权侵权问题

2022年5月21日，正值小满节气，某汽车品牌联手某明星发布了一段视频。视频中，某明星围绕小满节气讲了一番人生哲学，"有小暑一定有大暑，有小寒一定有大寒，但是小满一定没有大满，因为大满不符合我们古人的智慧……小满代表了一种人生态度，就是我们一直在追求完美的路上，但并不要求一定要十全十美……花未全开月未圆，半山微醉尽余欢。何须多虑盈亏事，终归小满胜万全。"

没有过度的商业化元素，甚至没有对该汽车品牌的特写，全程以田园山水画面的呈现为重点，文案与视频的融合从侧面凸显出品牌的高级感。当天的数据显示，该视频在微信视频号的点赞、转发超10万次，在该汽车品牌官微播放超455万次、点赞超1万次，在该明星抖音账号的点赞更是超500万次。

然而，该广告刚走红便陷入了抄袭风波。5月21日晚，一个有300多万名抖音粉丝的网友发布了一条名为"被抄袭了过亿（次）播放的文案是什么体验"的视频，视频通过逐字比对的方式证明，该汽车品牌的广告文案几乎是照搬全抄的。该网友表示，视频中的这首诗最早于2018年发布在自己的微信朋友圈，里面都有原创声明和创作过程，这并不是自己第一次被抄袭，他相信这位明星不会抄袭自己的文案，希望抄袭的人可以出来做一个解释。

该网友的视频一出，舆论矛头直指该汽车品牌，网民纷纷指责。这一出抄袭风波既给该网友造成了困扰又让这位明星陷入了麻烦。

在舆论压力下，5月22日上午，该汽车品牌就此事公开致歉，在官方微博发表声明："我们注意到昨日发布的一则短视频存在文案侵权的相关讨论，就该事件中因监管不力、审核不严给×××先生、××××及相关方造成的困扰，我们表示诚挚的歉意。该视频由创意代理公司××××提报并执行，本着不回避问题的原则，我们已责成其尽快就所涉文案侵权情况进行处理，给公众一个满意的答复。同时，在事实正式澄清之前，××各官方渠道将全面下架该视频。"

在该汽车品牌致歉后，5月22日，该创意代理公司也发表声明称，公司的××服务团队系××小满篇品牌视频开发团队，在视频内容开发过程中，因团队版权意识淡薄，在未与版权方沟通的情况下，直接使用了抖音博主×××关于"小满"的视频中的文案内容，给×××先生、××××、××汽车品牌带来了巨大的不便和困扰，团队深表歉意，并诚恳地向原作者道歉，同时承诺尽最大努力弥补原作者的损失。公司承诺将在广告创作中尊重和保护原创作者的权益，杜绝此类情况发生。

任务4.3　学会提升用户留存率的方法

问题引入

我们都听过一句话：打江山容易，守江山难。很多企业在将用户引流到店铺中后，却无法成功留住用户，导致用户流失。那么作为用户，店铺是怎么留住你的？询问周围的同学，看看是否有共同点。

_____

_____

你知道吗

在某段时间内开始使用某个应用，经过一段时间后仍然继续使用该应用的用户，在互联网行业中被认为是留存用户。这部分用户数与当时新增用户数的比例就是用户留存率，一般按照每隔 1 单位时间（如日、周、月）进行统计。顾名思义，留存指的就是"有多少名用户留下来了"。留存用户数和用户留存率体现了应用的质量和留住用户的能力。

推及运营行业，用户留存率是指在一定周期内，长期购买（使用）产品的用户比例。增强用户黏性有利于用户长期使用自己的产品，是每个企业都在追求的目标。知名企业每年都会花费大量时间优化用户体验和制定用户留存策略。

活动 4.3.1　熟悉用户群体活动的内涵

做中学

请查阅资料并结合生活经验进行小组讨论：用户活动的形式有哪些？参与活动的人是集体参与还是单独参与？它们之间有何不同？

_____

_____

_____

必备知识

1．用户群体的含义

用户群体是指在没有统一组织和协同的情况下，通过几乎一致的行为，共同实现了一个目标的一群用户。

2．群体活动的含义

群体活动是指群体内部的活动，或者是以群体形式呈现出来的活动。如果是群体内部的活动，那么就相当于群体成员进行的一种活动；如果是以群体形式呈现出来的活动，那么就相当于以群体形式进行的活动。

3．群体活动策划流程

（1）前期调研——发现问题

企业首先需要明确进行活动策划的目的。进行活动策划不是为了完成领导下达的任务而做的，而是为了通过一场营销活动解决企业在销售过程中遇到的问题。

（2）活动策划——制定方案

企业要先借势，如大的节假日、全民关注的热点。如果不能借势，新店开张、新品上市都是很好的主题，如果也没有，就只能自己造势了，如双十一、结婚季、出行周等。接下来制订活动执行计划，确定负责人。

（3）活动筹备——协调资源

企业要根据活动策划的初步构想，逐步完成活动方案，其中至少需要包括：活动背景、活动目标、活动主题、活动时间、活动流程、活动创意、活动玩法、活动流程、推广渠道、资源需求、活动预算。然后基于此活动策划做预算，要资源。需要注意的是，应与内外部人员做好沟通，简洁明了，保证不会产生歧义，并且不违背大家的惯性思维。如果实在不能简化，就需要反复强调，甚至手把手指导。最后抓关键节点，多次测试，哪怕别人已经进行了多次测试，负责人最好也亲自测试。

（4）活动执行——解决问题

活动预热环节非常重要，这关系到活动能否迎来爆点，以及爆点时峰值到底有多高。活动预热较简单的方式是告知，如哪天上线什么活动。较复杂的方式是，不限于告知，而是加入有噱头的元素，激发用户的兴趣并促使他们关注；还可以投入推广资源，以扩大受众范围。根据预热效果，企业需要实时做出响应，如果效果没有达到预期，就需要启动备选方案，用其他手段促使用户参与。伴随活动的推进，活动进入引爆期，此时需要关注活动中表现优秀的用户，观察他们是否存在作弊行为，尽量保证产生具有说服力的结果。企业还可以挖掘活动中能产生话题的人和事件，进一步推动用户对活动的关注。在活动结束之后，企业可以展示活动的剪影集锦。

（5）活动后续——总结复盘

在活动结束后，企业需要总结活动带来的效果，还需要对活动进行复盘，从而确认目标是否达成，哪些因素可以在下一次活动中得到改善，并指出下一次活动中所需解决的问题。很多策划新手担心自己的策划方案能否获批，其实担心的主要就是整个活动是否能够跑通。

那么就可以从用户的角度去思考，如用户是否愿意参加，过程是否流畅。负责人可带着苛刻的眼光从不同的角度重新审视整个过程，如逻辑是否有问题，活动中的一些细节是否存在不妥之处或多余。

【案例 4-5】

微笑挑战

发布"微笑挑战"的最初目的是"刷屏朋友圈，用微笑感恩身边的所有人"。参与游戏的人只要在朋友圈中晒出自己的笑脸，并附文字"我接受××的微笑挑战，让微笑传递下去。左边放点（@）你的人的照片，右边放自己的照片，你再点朋友继续传递微笑"。并点 10 个人（之前点你的人除外）完成挑战，用微笑传递爱心。"微笑挑战"照片如图 4.11 所示。心理学家汪冰在接受采访时表示，点名游戏是一个非常有效的增进人际关系、促进朋友圈互动的方式。"微笑挑战"比冰桶挑战门槛低，用手机就可以完成，比起其他点名游戏，在这款知名游戏中不用回答隐私问题。

图 4.11　"微笑挑战"照片

一个人的自拍是一个人的狂欢，一群人的自拍可以变成群体性的狂欢。其背后的推动力是展示自我的欲望和被别人关注的欲望。所以，不管有什么目的，"微笑挑战"确实很符合大多数人维系社会关系的内在需要。可以看出，"微笑挑战"是利用网络和社交媒体资源发起的一个有趣的活动，传递的是温馨、快乐的正能量。

活动 4.3.2　熟悉优质内容的创作过程

做中学

如果说各品牌曾经高喊的"内容为王"是一种噱头与口号，那么现在的"内容为王"则预示着低成本、高互动与高流量。同时，内容还能助力品牌塑造用户认知，驱动用户行为。那品牌究竟该如何创造优质内容？优质内容在当今时代有何作用？

📅 **必备知识**

流量决定了营销效果，而内容则决定了流量的生命周期。想让企业的营销更长效，就需要在内容创意方面下功夫。在这个内容即营销、形式即内容的时代，万物皆媒体。商业环境促使营销逻辑发生变化，社交媒体、大数据、人工智能等成为当今时代的商业手段，企业也通过这些新时代的手段构建出了自己的商业逻辑。可以说，在当代营销中，媒介、载体和内容的边界变得越来越模糊。

1. 优质内容的内涵

（1）内容场景化

优质的内容不仅能够满足用户的潜在需求，还容易实现用户情感上的共鸣，进而拉近品牌与用户之间的距离。同时，场景化的内容更具说服力，能够帮助企业迅速提炼产品卖点与优势，进而打动用户，实现营销。

（2）内容故事化

如果说场景化的内容是为了使产品功能与内容实现更好的融合，那么故事化的内容则是企业想要与用户产生情感共鸣、塑造用户认知的重要手段。营销的本质是与用户实现沟通，而故事化的沟通方式能让用户看完企业的故事，以情感营销的方式去说服用户，达到与用户产生情感共鸣的目的。特别是那些懂得讲述专属故事内容的企业，更能展现自身的魅力。

（3）内容娱乐化

与故事化的内容相比，娱乐化的内容氛围感更强，更容易给用户带去欢乐。内容娱乐化迎合用户的生活方式与精神需求，吸引用户的注意力，逐渐渗透到社会经济和用户生活的各个层面，让内容的娱乐化生存渐渐变成一种趋势，并成为诸多品牌的战略选择。内容的娱乐化旨在触及人们的内心，使人们在喜闻乐见的内容中找到真正的快乐。也就是说，内容的娱乐化顺应用户的内心需求，能够为用户创造体验性的快乐感受。这便是内容娱乐化的效果。

2. 创作优质内容的步骤

第一步：市场调查。无论要销售什么产品，市场调查永远都是第一步。一个企业要进入市场，就要确认这个市场里的用户是哪一类人，并且知道用户的需求是什么，痛点在哪里，品牌的竞争者有哪些，从而明确要切入的市场在哪里。为什么要做这件事情？主要原因是产品或服务不可能卖给所有人，但可以锁定一群符合产品定位的人，并向他们推广相应的内容。

第二步："脑洞"大开，思考内容创意。在第一步完成之后，就要进行内容创意头脑风暴，并创作出合适的内容吸引用户的注意。内容有创意并不是指要多么特别或新鲜，重点是要能够有效地与目标用户沟通，让他们清楚地知道内容所要表达的重点，可以帮助他们解决某个面临的问题。

第三步：做好 SEO（搜索引擎优化）。内容营销中，文章占比较大，但要创建高质量的内容并不容易，再加上布局关键词和做好 SEO 需要花费相当多的时间进行反复测试，需花费的时间就更多了。但是为了提升流量和增加被搜索到的机会，必须创作出优质内容。

第四步：发布与管理所创作的内容。完成了前 3 个步骤，接着就是发布了。这时需要制订内容曝光计划，明确每周曝光的次数与数量。数量的多少不影响 SEO 本身的状态，但影响被搜索到的机会。初期为了促进更多潜在用户的转化，可以增加曝光次数。平均来说，每周最少应该更新一次，以便把握被搜索到的机会。

第五步：重新定位目标用户。在完成内容营销布局之后，一定会有看过相应的内容却没有转化的用户，那可能是曝光的内容没能打动他们。这时候就要查找不足，调整相关信息，并提高内容营销的完整度。

【案例 4-6】

某品牌薯片——每一片只为你的微笑

某品牌薯片曾经讲述了该品牌与产品原料、科研员工、产品运输工三者之间的故事。这个故事既表达了该品牌的经营理念，又向用户展示了从土豆种植到收获再到加工成薯片的过程，以及旨在为用户带来快乐的初衷，让用户更加了解该品牌。整个故事其实很简单，从选择种植的土地到种植，到土豆的筛选和加工，再到产品生产细节的把控，都体现了品牌追求精益求精的态度，以及对产品质量本身的高标准和高要求，同时突出了其品牌理念，即倡导快乐的生活态度，展现了愉悦欢乐的品牌个性。你永远想不到，你在城市中购买的一袋薯片，是如何和几千千米外的沙漠农场产生关联的。

2020 年 10 月 9 日，一部 9 分钟的纪录短片全网上线，首次揭秘了薯片这个看似不起眼的休闲零食全产业链的生产故事。农场工人在内蒙古自治区库布齐沙漠深处的农场里种下土豆苗，经过 7 个月的辛勤呵护，再经过数十道生产工序进行加工，变成一袋袋能带给人们欢乐的薯片，摆在一家家便利店的货架上。这是由该品牌与知名导演陆川合作拍摄的《每一片只为你的微笑》品牌纪录短片。短片通过"库布齐沙漠农场""乐工厂""追光的人"3 个篇章，讲述了土豆如何从农场走进城市，连接起农场、工厂、物流、销售终端和消费者的故事。这是该品牌官方首次公开全产业链生产及运输过程，并讲述了由此引发的"薯片经济"，及希望该品牌和产品为消费者带去欢乐的愿景。

该品牌在本次营销活动中取得了远高于预期的效果，在各大平台产生了积极的反响，增加了该品牌产品的销量，实现了引流转化。

拓展练习

打开搜索引擎，输入关键词"用户留存"进行搜索，思考以下问题。

（1）用户留存的核心要素是什么？怎样留存？通过什么渠道留存？

（2）实现用户留存的方法是一成不变的吗？

分组讨论，整理讨论的内容，形成一份用户留存因素分析报告，各组之间分享成果。

活动 4.3.3　技能训练：了解提高用户留存率的方法和衡量指标

1. 提高用户留存率的具体方法

在当今流量获取难、流量贵的大背景下，用户获得越来越难，因此用户留存成了众多企业的"救命稻草"。

用户留存率越高，意味着用户使用产品的时间越长，能够为企业带来的现金流和资本估值也就越高。

内容留人、功能留人、好友留人、物质激励留人、情感留人、品牌推荐留人、线下活动留人等都是常见的提升用户留存率的运营手段。

做好新用户留存是非常重要的，有两个原因：一是新用户留存做得好，会带来整体留存用户数量的提升，也会避免获客成本的浪费；二是新用户由于访问路径相对单一，留存策略更容易落地，也更容易聚焦。

实现新用户留存的方法主要有以下 8 种：多渠道触达用户、进行每日签到、开展活动激励、实施用户分层策略、构建积分体系、打造会员体系、推进产品流程优化、提供优质的服务。

2. 衡量用户留存率的指标

留存用户数和用户留存率通常反映不同时期获得的用户的流失情况。分析这些数据指标往往是为了找到用户流失的具体原因。

获得一定的用户以后，随着时间的推移，会不断有用户流失，留存用户数和用户留存率逐步下降，一般在 3～5 个月后趋于稳定。其中阅读资讯、社交沟通、系统工具是用户留存率较高的 3 类应用。在 4 个月以后，用户留存率稳定在 10% 左右。

衡量用户留存率的常用指标包括次日留存、7 日留存、30 日留存和渠道留存等。其计算方式基本一样：第一天新增的用户中，在往后第 n 天依旧留存的用户数占比。

次日留存：有助于企业第一时间发现产品新版本的品质变动和渠道优势。因为面对的都是新用户，所以可结合产品的新用户引导设计和新用户转化路径分析用户的流失原因，通过不断地修改和调整降低用户流失率，提升次日留存率。通常情况下，次日留存率达到 40%，就意味着产品非常优秀了。

7 日留存：可以反映一个完整的使用和体验周期后的用户去留状况。在一周时间内，用户通常会经历一个完整的使用和体验周期，在此期间能够留下来的用户有可能成为忠诚度较高的用户。

30 日留存：可以反映一次版本迭代后的稳定性，有助于企业判断产品的演进方向是否合理。

渠道留存：有助于企业进行更高质量的广告投放。因为渠道来源不一，用户质量也有差别，所以有必要针对渠道用户进行留存率分析。排除用户有差别的因素以后，比较次日留存和周留存情况，可以更准确地判断产品推广渠道的问题。

教师点评

思政园地

微博引领冬奥风向标——吉祥物特色玩法让用户实现"一墩一融"

2022 年北京冬奥会期间，在主场作战的中国代表团以 9 金 4 银 2 铜的战绩创下了自 1980 年以来的最好成绩。作为用户围观和讨论重大体育赛事的核心平台，微博凭借以运动员为代表的完整体育矩阵，以"热点+社交"模式驱动，成为全网关注冬奥风向标的焦点。

2 月 25 日，新浪微博发布了本届冬奥会观赛报告。报告显示，赛事期间，平台全网用户累计发布了 3.46 亿条讨论冬奥会的微博，互动量累计超过 11.1 亿次，相关话题阅读总量达到 4 690 亿次。与运动员一样"出圈"的还有本届冬奥会吉祥物——冰墩墩。本届冬奥会期间，冰墩墩登上热搜榜，相关话题累计超过 380 次，相关话题阅读量达 520 亿次，全网讨论量达 2 800 万次。与此同时，各种冰墩墩表情包和二次创作内容借助社交网络传播，让微博成为冰墩墩 IP 的孵化器。

早在 2019 年 9 月，本届冬奥会吉祥物冰墩墩就已在公众面前亮相，然而，随着冬奥会的到来，社交媒体平台的相关报道频次增加，冰墩墩才开始成为大众关注的焦点，并与冬残奥会吉祥物雪容融迅速火遍全网。

从数开幕式上出现了几只冰墩墩开始，新浪微博用户就一直对这个冬奥会吉祥物充满了热情。尤其是花样滑冰选手彭程在全网冰墩墩脱销的情况下晒出一堆冰墩墩的周边，酸倒一片用户，使用户直呼"彭程实现冰墩墩自由""彭程式冰墩墩炫富"。憨态可掬的冰墩墩，俨然已成为北京冬奥会乃至中国文化的 IP。

微博用户对冰墩墩的描述十分日常化。"冰墩墩打雪仗摔倒后离家出走""冰墩墩摔了个屁墩儿""冰墩墩扫雪，扫了又好像没扫"，一系列与冰墩墩相关的照片、动图和短视频在新浪微博上被用户广泛自发传播，使冰墩墩成为名副其实的顶流。除了普通用户的喜爱，冬奥会选手的"加持"也让冰墩墩有了不一样的意义。谷爱凌展示冰墩墩帽子、苏翊鸣回答记者提问时手持冰墩墩，还有运动员们凭努力换来的"金墩墩"都让一众用户大呼"嫉妒"。

不仅如此，用户还关心冰墩墩是怎么诞生的。微博美学官宣冰墩墩的设计师曹雪和雪容融的设计师姜宇帆正式入驻微博。曹雪更是亲自发微博介绍设计始末。

冰墩墩还是"造梗机"，由于销售异常紧俏，"一'墩'难求"的说法火爆全网。在这期间，央视新闻官微在微博平台举办"冰墩墩 DIY 大赛"，吸引了众多大 V 和用户参与。插画师白茶晒出了其设计的冰墩墩猫包，清华大学秀出了学生画的冰墩墩，还有用户晒出了刺绣、印章、饼干、元宵等形式的冰墩墩，其中的"橘墩墩"还登上了热搜榜首位。

项目 5

用户促活变现技巧

思维导图

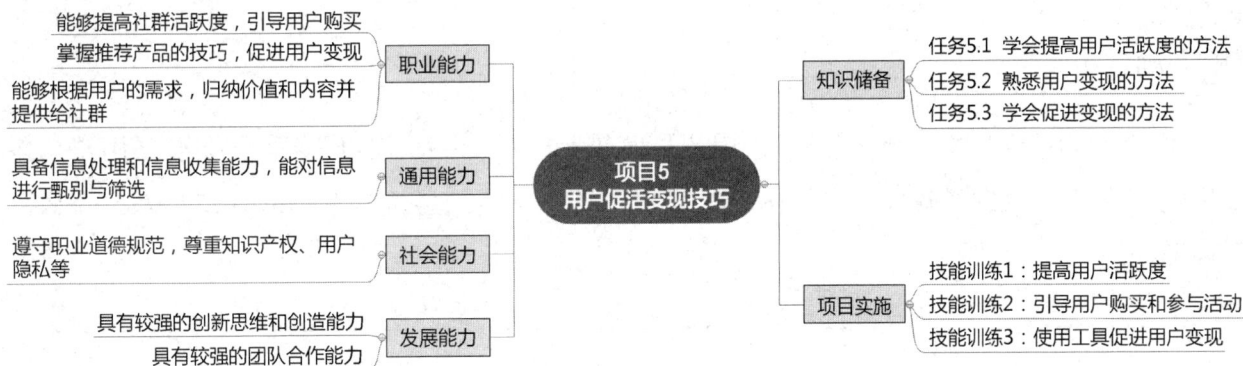

职业能力
能够提高社群活跃度，引导用户购买
掌握推荐产品的技巧，促进用户变现
能够根据用户的需求，归纳价值和内容并
提供给社群

通用能力
具备信息处理和信息收集能力，能对信息
进行甄别与筛选

社会能力
遵守职业道德规范，尊重知识产权、用户
隐私等

发展能力
具有较强的创新思维和创造能力
具有较强的团队合作能力

项目5
用户促活变现技巧

知识储备
任务5.1 学会提高用户活跃度的方法
任务5.2 熟悉用户变现的方法
任务5.3 学会促进变现的方法

项目实施
技能训练1：提高用户活跃度
技能训练2：引导用户购买和参与活动
技能训练3：使用工具促进用户变现

学习目标

【知识目标】

（1）熟悉开展社群活动的方式。

（2）了解引导用户购买的方法。

（3）熟悉变现方式。

（4）掌握开展社群活动的内容。

（5）掌握给用户推荐产品的技巧。

（6）能够营造变现氛围。

【技能目标】

（1）能够提高用户活跃度。

（2）能够引导用户购买。

（3）掌握促进用户变现的方法。

【素质目标】

（1）培养合作意识：能够小组合作完成社群活动项目书。

（2）提高网络信息搜索能力：能够自主上网搜索社群活动内容和各种电商变现技巧。

　　社群营销是基于圈子、人脉、六度空间理论形成的，借助虚拟社群中的人际关系，将有共同兴趣爱好的人聚集在一起，把一个兴趣圈打造成消费家园的营销方式。社群运营是与用户交互的过程，是人与人打交道、交朋友的过程。想做好社群的运营工作，就要学会观察用户的情绪动态和需求点，以提高社群的活跃度，促进变现。

　　本项目主要完成 3 个任务：学会提高用户活跃度的方法、熟悉用户变现的方法、学会促进变现的方法。

任务5.1　学会提高用户活跃度的方法

问题引入

　　用户群经济是一种"社交经济"，用户群营销是一种"关系思维"。企业需要从用户的角度出发，去了解他们需要什么，为持续交易奠定基础，达到可持续营销的理想状态。那么，怎样提高用户活跃度呢？

_____

_____

_____

你知道吗

　　用户群是一种商业形态，基于成员间相同或相似的兴趣爱好，通过特定的平台和渠道聚集人气，并通过提供产品或服务满足群成员的需求。用户群营销的载体不局限于微信、论坛、微博、QQ 群，像线下的社区等也都可以。用户群营销的关键通常是一位意见领袖。这位意见领袖可以是某个领域的专家或权威人士，能较容易地在用户群成员中建立起信任感，并有效传递价值。通过组织活动，用户群不仅可以提供实体的产品满足用户群成员的需求，还可以为用户群成员提供各种服务。提高用户群中用户活跃度的关键在于如何策划和开展有效的用户群活动。

活动 5.1.1　熟悉开展社群活动的方式

做中学

你听说过社群吗？对生活在互联网时代的人们来说，社群是一个既熟悉又陌生的名词。请大家上网搜索后写出如何组建社群，以及开展社群活动的方式有哪些。

_____

_____

_____

必备知识

1．社群活动

社群是由社区发展而来的概念。与社区相比，它更注重群体交流、分工协作和共同的兴趣爱好，更强调群体和个体之间的互动关系。社群内部的成员遵循一致的行为规范，通过持续的互动交流，逐渐形成较为强烈的社群情感纽带。

2．常见的社群活动方式

社群活动是活跃群内气氛的重要方式。如果一个群长期没有活动，长期没有交流，那么群成员就会变得疏远，没有归属感，群也会失去存在的价值和意义。常见的社群活动方式有以下几种。

（1）内容分享会

一种常见的社群活动方式是运营人员提前协调群成员，每周规划 1~2 个主题，邀请不同的群成员或外部大咖分享相关主题的内容，每次花费 1~2 小时，在约定的时间内邀请群成员一起交流讨论，这样就有了"集体创作"的感觉。同时，固定的内容分享会让群成员产生一种身份的认同感，找到自我存在的价值，而这种认同感会催化出更多良性的反应。

（2）红包接龙赛

红包接龙赛的形式有很多，比如，由群主发送一个拼手气红包，接下来抢到红包金额最大的人继续发红包，连续 3 轮之后就终止，这样可以增加群成员之间互动的趣味性，活跃社群气氛。

（3）签到打卡

很多社群有签到打卡活动，运营人员首先使用小程序将群签到打卡内容发到社群中，然后引导大家完成签到打卡任务。签到打卡一方面可以增强群成员的归属感，另一方面可以增强群成员的互相认同感和自我存在感。

（4）有奖征集

运营人员可在社群中发布有奖征集活动，如征集广告语、吉祥物图案、文章、宣传语等。

将奖品作为活动的激励品，可以在发挥群成员智慧的同时，增强群成员的参与感。

【案例 5-1】

社群猜谜活动

社群猜谜能够很好地调动用户的积极性，是炒热社群气氛的一种方法。遇到某个节日时也可以做专场猜谜活动，如中秋猜灯谜、元宵喜乐会。题目尽量与节日相关，如月饼、元宵。对品牌认知比较强的社群，也可以做一些与企业相关的猜谜活动，如品牌第一家店是什么时候成立的，目前有多少家连锁店，主打什么产品，最近有什么新品等，进一步建立与用户的关系。除此之外，脑筋急转弯、看表情猜成语、看图猜成语等都是不错的玩法。运营人员需要提前搜集猜谜素材，最好建立一个专门的与用户互动的话题库，并及时保存看到的相关素材。

在奖品的选择上，要选择与社群主题相关的，如企业的周边产品、老师的签名书籍等，让用户感受到价值并激励他们通过付出一定的行动获取奖品，在娱乐的同时宣传品牌和产品，增强这些奖品的吸引力。

拓展练习

打开搜索引擎，输入关键词"开展社群活动的方式"进行搜索，了解更多的社群活动方式。

分组讨论，整理讨论的内容，形成一份关于社群活动方式的报告，各组之间分享成果。

活动 5.1.2　掌握开展社群活动的内容

做中学

社会触达可以强化品牌威信力，营销活动也能让触达变得"顺理成章"，这种"顺理成章"是依靠维护社群实现的。假设你经营的是户外用品公司，请列举能够开展的社群活动。

_____

_____

_____

必备知识

将用户引流进群之后，要维护好这些用户。要想做好社群的留存和转化，内容的输出至关重要。可以通过分享有价值的、用户感兴趣的内容实现这一目标。那么社群内容输出形式有哪些呢？大致可分为日常关怀、专业分享、生活分享、其他内容。

1. 日常关怀

有温度的服务能培养品牌和用户之间的感情，增强用户对品牌的信任感。一般日常关怀的形式有早/晚安问候、节日问候、天气变化提醒等。这些举措有助于增加用户的情感值。

2. 专业分享：科普知识、行业干货、产品介绍

科普知识：结合品牌定位和产品特点，分享相关知识。如卖水果的，可以分享水果科普知识；做母婴用品的，可以分享育儿知识；做美妆的，可以分享化妆技巧等。同时，要结合自己产品的特点，更好地宣传产品，助推转化。

行业干货：分享行业知识。分享形式主要是"文字+图片+视频"，让用户可以直接通过下载获取资料，感知社群的价值，从而提高留存率。

产品介绍：在社群内介绍产品，向用户进行产品展示，让用户更好地了解产品，进而进行购买。

3. 生活分享：资讯新闻、其他生活内容

资讯新闻：筛选出时事热点资讯并分享到群里，让用户打开手机后能快速了解到时事热点内容。这种内容输出形式可以让用户养成浏览社群消息的习惯。

其他生活内容：分享内容不必局限于产品内容。如做美妆的可以分享服装搭配技巧，虽然品牌自身不卖服装，但是用户对这部分内容是感兴趣的。这种分享方式有利于增强用户黏性。

4. 其他内容

举办活动前，品牌都会提前在社群发布预告和通知，以便让用户留意即将推出的福利和优惠。

【案例 5-2】

正和岛

正和岛，是国内知名的企业家服务平台。

"我们每个人都是自己的产品经理，代表的是我们个人的品牌。如何运营社群，其实我们只做了一件事——链接。互联网的最大价值，一定是人们彼此之间都能够给对方创造价值。任何优秀的人士，在我这里都会进行一个匹配，哪些与之相匹配的人可以和他产生链接，所以这些优秀的人也特别愿意到正和岛做客，因为他们在这里感觉就像回到家一样。所以我们给正和岛用一句简单的话描述就是'链接有信用的企业家，让商业世界更值得信任。'"正和岛产品运营负责人苟忠伟说。

其实在我们平时的生活中，每个人都有很多朋友，我们心里大概也有一个判断，谁和谁在一起可以更匹配，但我们却很少帮助并且促使他们产生链接。这是值得思考的一个地方。

近年来，占用人们大量时间的微博、微信中的"好友圈"和"朋友圈"也是一种典型的

圈子，每个圈子延伸开来都是一个社会关系网络。有了互联网和移动互联网之后，地理因素的限制大为减小，圈子之间实现了有效链接。这张社会网不是一个连接紧密并且均匀连接的网络，而是因认同的力量形成的多样化的社交圈子，人们因为文化、语言、地理距离、兴趣爱好、宗教信仰等因素聚集。尽管科技的发展大大便利了人与人之间的联系，但在这样的世界里，人们仍然在圈子中寻找认同感和归属感。

拓展练习

打开搜索引擎，输入关键词"社群活动"进行搜索，思考以下问题：

（1）建立社群前期怎么做准备？如何管理社群？怎样维护社群？

（2）社群的营销活动有哪些？

分组讨论，整理讨论的内容，形成一份校园社群活动的策划案，各组之间分享成果。

活动 5.1.3　技能训练：提高用户活跃度

可以基于社群工具——创客匠人圈子进行训练。

圈子可以帮助内容创作者找到有需求的用户，打造以课程和用户为中心的交流社区，以话题、问答、主题的方式催生社交价值，进而实现知识变现。

创客匠人圈子如图 5.1 所示。

图 5.1　创客匠人圈子

一方面，圈子能助力商家管理和增加运营私域流量；另一方面，圈子能满足用户对内容交流的需求，同时引入商家与用户之间的互动机制，更加有效地巩固关系链，增强用户黏性。

1. 圈子可以用在哪些场景

场景 1：如 20 岁的用户 A 喜欢摄影，想找到有相同爱好的朋友交流作品，提高摄影技能。这时候，摄影平台 B 就可以通过圈子设置每日主题，来帮助用户提高技能，汇集大量摄影爱好者，潜移默化地为内容变现做铺垫。

场景 2：如瑜伽健身商家 C 对圈子做付费管理，除了持续发布瑜伽健身等练习教程，还针对瑜伽健身产品做深度剖析，并定期发布热门营销活动。在圈子运营过程中，每天抽时间和用户进行问答交流，一方面能保持用户黏性；另一方面能精准获取用户喜好。若用户更倾向于局部塑形，就可以有针对性地提供腿部、腰部、背部等局部塑形的产品和服务，提升用户的体验感。

2. 圈子有什么亮点

亮点 1：内容创作、知识付费更方便。商家不仅能随时随地发表话题，输入碎片化内容，与用户进行分享和交流；还能设置付费圈子，后期丰富付费模式，如按次付费、关联答主问答付费。

亮点 2：内容沉淀、信息管理更高效。圈子提供多种内容形式，如文字、图片、音频等，管理员可以设置精华、布置作业，内容可长期保存。如果某用户加入一个创建了很久的圈子，那么他就能阅读圈子里的所有内容。高质量、有价值的内容可以被沉淀下来，发挥长尾效应。

亮点 3：商家无须拉群，人数无上限，可以邀请答主做客，一起分享内容并答疑。

亮点 4：圈子支持设置爆点话题，这有助于增强平台用户黏性，引起用户共鸣，助力商家打造属于自己的圈层粉丝经济。

亮点 5：圈子能拉近用户与用户，以及用户与商家之间的关系，建立新的沟通桥梁。

亮点 6：圈子将用户按标签进行分类。了解用户的兴趣爱好，方便平台进行相关课程的定向推送。

3. 如何操作圈子

步骤 1：创建圈子。在创客匠人系统的"互动产品"—"圈子"中点击"创建圈子"按钮，进入圈子的信息编辑页面。

步骤 2：填写圈子资料。填写圈子的基本信息：圈子的名称、简介、封面、加入方式（免费、付费、购买配套课程加入），显示设置（若设置了隐藏，则手机端的首页及"个人中心"—"我的圈子"中将不展示该圈子的入口）。

步骤 3：邀请圈主。创建完圈子后，点击"邀请圈主"按钮，可以给好友分享链接，邀请其成为该圈子的圈主。好友点击链接后，填写圈主简介，提交成功后即可成为圈主。

步骤 4：分享圈子。成功创建圈子后，可通过后台的链接、二维码、邀请卡将圈子分享出去。用户点击链接、扫描二维码、直接在知识店铺列表页面点击某个圈子，即可进入圈子详情页，根据后台设置的方式加入圈子。

步骤5：管理圈子。管理员可以在移动端进行圈子资料编辑、用户查看、用户邀请等操作，还可以将用户发布的动态移入、移出精华，置顶、取消置顶及隐藏；在系统后台也可以管理用户和动态内容。

教师点评

思政园地

电子商务发展新征程：知识产权保护的思政实践与价值引领

在数字经济浪潮下，电子商务成为我国经济增长的重要动力，但其知识产权保护问题日益突出。从思政视角对电子商务知识产权保护问题进行剖析，有助于明确行业发展方向，推动经济社会健康发展。

电子商务知识产权保护具有重要的思政价值：有助于维护公平正义的市场秩序，是社会主义核心价值观在经济领域的体现；有助于弘扬创新精神，为科技进步注入动力；有助于培养各方的责任意识与道德意识，提升社会素质；能促进文化传承与国际合作，增强文化软实力与国际影响力。

当前，我国在电子商务知识产权保护上已取得一定成效，法律体系不断完善，多部门联合执法力度加强，电商平台借助技术手段积极履行主体责任，公众的社会保护意识也在提升。然而，侵权行为隐蔽复杂、跨境电商监管难、维权成本高、部分从业者和消费者意识淡薄、技术与制度存在漏洞等问题依然突出。

对此，可从思政角度发力，强化思政教育，针对从业者、消费者和学生开展分层教育，提升其知识产权保护意识；引导相关人员树立正确的价值导向，弘扬创新文化，加强诚信建设；发挥党员的先锋模范作用，在企业党组织和监管部门推动保护工作；各方践行社会责任，电商平台加强管理，企业和社会组织参与公益活动，促进知识产权保护与社会发展融合。

电子商务知识产权保护是系统工程，需以思政为引领，凝聚各方力量，构建良好的保护格局，为数字经济发展提供有力支撑。

任务5.2　熟悉用户变现的方法

问题引入

　　互联网火了之后有了"互联网+"；AI火了之后有了"AI+垂直领域"；社群火了之后有了"社群+电商""社群+教育""社群+医疗""社群+媒体""社群+汽车"等。社群不是简单意义上的微信群，运营社群甚至利用社群变现需要付出大量精力、财力。那么，什么是变现？什么是社群变现？

你知道吗

　　社群变现有别于传统定义的变现。"社群变现"中的"现"不一定是现金，也有可能是品牌、认知、流量等。只要能将流量有效地转化，都是社群变现。

活动5.2.1　了解引导用户购买的方法

做中学

　　你在社群中购买过产品吗？你都加入了什么社群？为什么加入这个（些）社群？都购买过什么产品？

必备知识

　　运营社群的最终目的之一是卖货，所以产品销量问题一直是营销类社交电商运营者时刻关注的问题。对营销类社交电商而言，产品销量不多的主要原因就是产品不能激发用户的购买欲望。那么，如何引导用户购买产品呢？可以尝试下面3种方法。

1. 创造共鸣感

　　这里所说的共鸣感就是让用户在心里对所售产品产生认同感，引起情感上的共鸣，如通过持续进行IP输出和用户分享沟通，使其他用户潜移默化地由对内容的认可转化为对产品的认同，从而达成最终的购买行为；再如扶贫项目通过视频内容传播亲情，抓住人们的同情心和注重亲情的共鸣点，成功地让用户对所售产品产生购买欲望，从而拉动产品销量的提升。

2．利益吸引

人通常对眼前的利益没有什么抵抗力，也就是说，用眼前利益对人们进行诱惑是成功实现销售的一个重要方法，所以在向用户进行产品宣传的时候，必须让用户知道购买了这个产品之后将会获得什么利益，让用户觉得自己的钱花在了刀刃上。比起那种只知道一味地夸赞产品的宣传方法，这种方法能加分不少。如一些社群里经常会做产品拼团活动，这些拼团的产品都是由相关人员精挑细选的，他们会做竞品的纵向对比和与天猫、京东的横向对比，再准备好产品的应用场景和案例，这样在社群做拼团活动的时候，往往有很高的销量。

3．竞品分析

虽然很多产品有相似之处，但各有各的长处，所以在进行产品销售的过程中，就应该帮助用户做比较，突出所要销售的产品的长处。这里要强调的一点是，虽然要突出准备销售的产品的长处，但是不能因此去贬低竞品，因为这样非但不能促进销售，还会给用户留下不好的印象，所以要尽量公平公正，客观地评价所要销售的产品的不足和优势。如小米粉丝持续复购小米产品，正是小米公司长期塑造产品性价比和品牌印象的最好证明。

【案例5-3】

购买者从众心理

案例①

借助淘宝购物车页面的推荐功能，可以随机看到陌生人的淘宝购物车。但即使系统显示的是随机，背后也暗藏着算法的推荐逻辑：淘宝购物车中，经常会出现用户最近浏览的、想要购买的同类商品。淘宝购物车推荐功能如图5.2所示。

图 5.2　淘宝购物车推荐功能

案例②

小米有品 App 的商品轮播图上会展示已购买用户对该商品的好评，增加用户对商品的好感度。小米有品 App 好评展示如图 5.3 所示。

图 5.3　小米有品 App 好评展示

案例③

在人们选购商品时，天猫超市会展示用户的关键正面评价，如"3 人评价'价格低'""4 人评价'到货极快'"，以减少用户对商品的疑虑。天猫超市评价展示如图 5.4 所示。

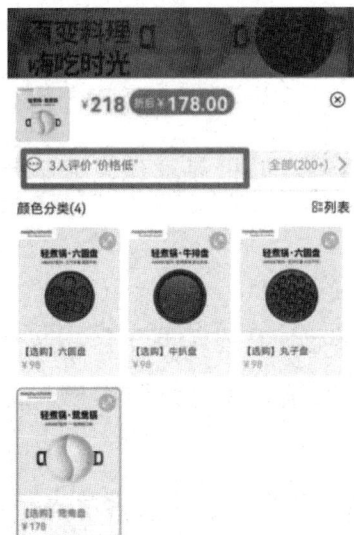

图 5.4　天猫超市评价展示

从众心理是用户普遍具有的心理现象。商家可以通过展示大多数人的选择，以及用户的社会关系网络，对用户进行暗示和引导，激发用户的购买欲望。

拓展练习

分组讨论所加入的社群，讲一讲在社群中分别购买过什么产品，为什么这些产品具有吸引力，社群用了什么方法激发用户的购买欲望，引导用户购买。分组上台展示讨论结果。

活动 5.2.2 掌握给用户推荐产品的技巧

做中学

社群、用户的类型决定了运营方式的类型。假设某公司主营产品为母婴用品，请列举该产品的社会化"铁粉"及扩散人群范围，并绘制此类产品的用户关系模型。

_____

_____

_____

必备知识

在推荐产品的时候，不同类型的社群要采用不同的方式，但一般需要遵循以下 5 个原则。

1. 有信心

在向用户推荐产品时，运营人员本身要有信心，否则无法让用户对产品有信赖感。

2. 适合用户

在为用户进行产品讲解时，运营人员应推测用户的需求，以便推荐适合用户的产品。

3. 有对销售重点的说明

对销售重点的说明固然需要简短，但也要具体，避免抽象，最好能基于事实进行说明，以加强销售的效果。

4. 符合时代的趋势

由于用户意识与消费形态的变迁，运营人员在介绍产品时要符合时代的趋势，符合用户的消费习性，如将流行的或时尚的服装元素介绍给用户，让用户有所了解。

5. 依购买对象不同而改变

由于购买对象不同，即使是同样的产品，销售重点也必须随之变化，以满足不同用户的不同需求。

【案例5-4】

乐凯撒社群

乐凯撒是一家广东餐饮品牌，2023 年 5 月 18 日，全国门店突破 200 多家，且全部是直营店。在新冠肺炎疫情期间，乐凯撒大力布局私域，在线下门店和微信公众号等触点上，通过免费送小食的福利海报，积累了超过 100 万名企业微信社群用户。乐凯撒的具体操作可分为 4 个步骤。

（1）引流—企微：提示用户通过在线下门店直接添加或在微信公众号回复关键词等方式添加企业微信客服。

（2）企微—社群：用户添加企业微信客服后，引导其扫描二维码加入社群。

（3）社群—留存：运营社群，预设福利、特权，为用户答疑。

（4）留存—促活：采用福利、特权等手段活跃社群氛围。

例如，用户进入线下门店消费，在结账支付时会被门店服务员告知，扫码添加企业微信"一个小榴榴"，并且加入乐凯撒比萨活动群，就可以获得免费小食。另外，在群里晒订单还能获得 20 元优惠券。一波操作下来，借助企业微信的自动欢迎语功能，乐凯撒就可以直接获得 1 个企业微信用户和 1 个社群用户，在将用户沉淀到社群这件事上基本没有花费额外的人力成本。

接着，乐凯撒通过在社群里策划会员日爆品秒杀和优惠券拼团活动，有效地提升了整体的用户购买率和客单价。不仅如此，由于社群里还有其他的不定期福利，用户一般会持续关注，很好地提高了复购率。乐凯撒营销路径如图 5.5 所示。

图 5.5 乐凯撒营销路径

凯文·凯利曾提出著名的"1 000 个铁杆粉丝理论"。他认为，创作者，如音乐家、摄影师、工匠、演员、动画设计师、视频制作者、作家等以任何形式创作艺术作品的人，只需要拥有 1 000 个铁杆粉丝便能养家糊口。这里的"铁杆粉丝"是指无论该创作者创作出什么作品，他们都愿意付费购买。小米公司"不花一分广告费，第一年卖 100 万部手机"并快速崛起的故事，就是成功的社群营销案例，小米公司的创始人雷军及其团队对中国社群营销有巨大贡献。

拓展练习

打开搜索引擎，输入关键词"给用户推荐产品的技巧"进行搜索，思考以下问题。

（1）用户的需求是什么？如何掌握用户的购买心理？如何理解目标用户？

（2）如何在社群中推销产品，增强用户黏性？

分组讨论，整理讨论的内容，形成一份关于给用户推荐产品的技巧的思维导图，各组之间分享成果。

活动 5.2.3　技能训练：引导用户购买和参与活动

1. 引导用户购买，提升用户留存率

借助华为 AGC（应用一站式服务平台）的云数据库、云托管、应用内消息、App Linking（应用链接）等服务，可以针对不同类型的用户设置不同的优惠套餐活动，引导用户持续购买，增强用户黏性。AGC 能判断用户类型，给目标人群发送营销短信，引导用户参与营销活动，提升用户留存率。

实现流程如下。

（1）点击流失用户预测任务后的"查看"按钮，系统进入"流失用户预测详情"页面。

（2）选择"分布分析"选项，点击"自定义卡片"按钮，打开"添加维度指标"页面。

（3）勾选需要查看的用户属性和用户行为，点击"保存"按钮，即可在"流失用户预测详情"页面查看所选项目的分布概率，从而分析用户详情，如图 5.6 和图 5.7 所示。

（4）除了可以按系统预置的高、中、低 3 个概率，也可以根据产品实际运营需求，自定义概率区间，来预测符合产品特点的人群。

（5）点击"应用"按钮，根据制定的运营策略，选择具体的用户使用场景。

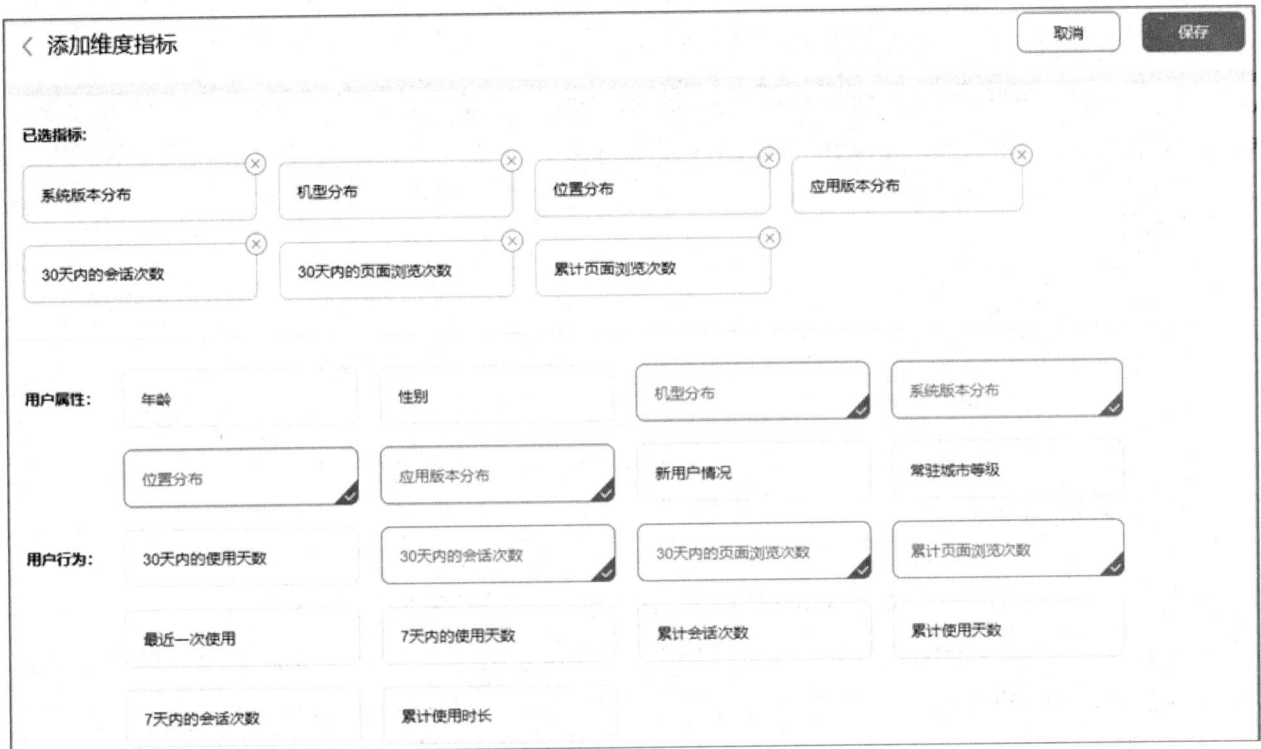

图 5.6　勾选需要查看的用户属性和用户行为

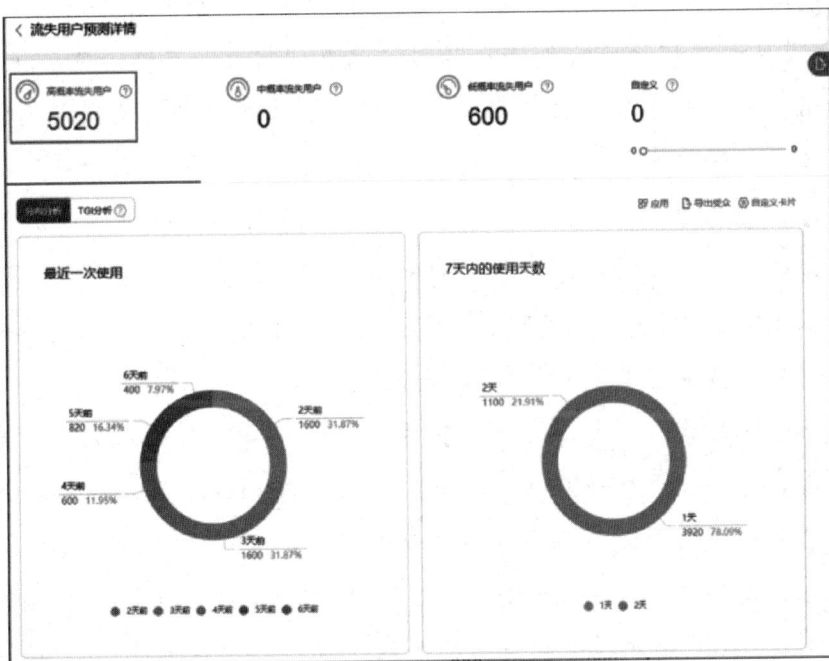

图 5.7　AGC 展示流失用户预测详情

2. 配置应用内消息服务，引导用户参与活动

需要引导用户启用应用内消息服务并进行相关配置。配置完成后，用户才能在应用内收到消息。

实现流程如下。

（1）登录 AppGallery Connect，点击"我的项目"按钮。

（2）在项目列表中点击想要配置的项目。

（3）选择"增长"—"应用内消息"选项，进入"应用内消息"页面，完成如下操作：启用应用内消息服务、集成SDK（软件开发工具包）。

教师点评

思政园地

尊重互联网用户隐私，企业方能行稳致远

用户下载并注册手机软件时，会看到需要"阅读并同意"的隐私协议页面。这看起来是尊重用户的常规操作，然而，这些协议往往上万字，有些甚至强制规定"不同意就不能使用"。鉴于此，大部分用户会快速勾选"同意"选项。

互联网的发展日新月异，网络技术不断更迭，现实世界与网络世界的边界似乎逐渐模糊。"分析数据换取流量从而变现"成为不少互联网企业盈利的普遍思路。要收集个人隐私信息，用户授权是第一道关口。基于合法性的前提，互联网企业让用户在使用前签订隐私协议，知晓双方的权利与义务，的确有其存在的必要。

网络技术本是促进社会进步的先进力量，如果互联网企业将其滥用于用户隐私数据的监控和利用，可谓得不偿失。身处信息时代，每一位互联网用户的隐私权都应该被尊重。用户在畅享互联网个性化服务的时候，"隐私"与"便利"绝不是非此即彼的选择题。在纷繁复杂的网络世界，用户应该被赋予更多的知情权和选择权。

为整治此类互联网乱象，相关部门一直在努力。2012年，全国人大常委会制定了《全国人民代表大会常务委员会关于加强网络信息保护的决定》，要求"网络服务提供者和其他企业事业单位在业务活动中收集、使用公民个人电子信息，应当遵循合法、正当、必要的原则"。国家互联网信息办公室秘书局、工业和信息化部办公厅、公安部办公厅、国家市场监督管理总局办公厅联合印发《App违法违规收集使用个人信息行为认定方法》，让违法违规收集使用个人信息的行为认定有章可依。近年来，国家互联网信息办公室陆续开展了各类清理违法违规软件专项行动，依法从严处置问题突出、严重违法违规、拒不整改的软件提供商。这一系列举措，都对互联网违法违规侵害用户权益的行为形成了震慑之势。

鉴于互联网技术的特性，治理这类问题，需要政府、企业、社会多方发力。监管部门责无旁贷，应协同执法，建立"事前监督，事后惩戒"机制，持续铁腕治网，加快技术管网的步伐，进一步推动相关法律法规的完善，保证政策文件的针对性、实用性。互联网企业作为责任主体，应该在不损害各方利益的前提下，规范自身网络行为，树立网络伦理道德观，探索保护用户隐私的技术范式，提升用户的体验感，坚决杜绝利用技术手段欺骗用户的行为。比如，可研究制定行业协议范本，在此基础上，突出重点内容，明晰权责，让人看得明白、用得放心。用户自身也要在日常使用过程中认真阅读协议内容，对于侵权条款或行为，大胆拿起法律武器捍卫自己的合法权益。

与互联网技术同步发展起来的，还有用户的隐私意识。隐私是每个人的自然权利，窃取属违法行为。违反法律法规、践踏用户权益的软件注定会被用户抛弃。大局面前，互联网企业绝不可逆势而为，而应该以身作则，主动保护用户隐私，筑牢网络信息的安全屏障。

任务5.3　学会促进变现的方法

问题引入

对营销类社群来说，实现产品销售和营收才是最终目的，所以说，无论是吸粉还是引流，都是为最终的变现蓄势。也就是说，社群的一切前期准备工作都是为变现服务的。那么，如何在社群中促进变现？有哪些方法促进变现？

_____

_____

_____

你知道吗

社群既可以是价值共同体，也可以是利益共同体。无论以何种方式捆绑或以何种方式进行，如今的互联网创业都离不开社群思维。要建立一个社群或许并不难，难的是如何把社群运营和产品销售结合起来。下面学习促进社群用户变现的方法。

活动 5.3.1　营造变现氛围

做中学

你听说过社群变现吗？你是否在社群商城中购买过产品？为什么会在社群商城中购买产品？

_____

_____

_____

📅 必备知识

在互联网数十年的发展历程中，诞生了无数款广受欢迎的产品，也形成了五花八门的变现模式。下面是几种常见的变现模式。

1. 商业模式变现

商业模式变现是一款产品得以存活的基本盘，也是其实现收入和盈利的基本模式，如阿里的平台经济、百度的竞价排名、京东的自营电商、美团的O2O抽成、优酷和知乎的付费内容等。

2. 会员模式变现

会员模式变现是大部分互联网平台或产品常用的变现模式，通过为用户提供增值服务，让其获得更棒的产品使用体验。当然，用户也要因此而支付会员费。其实在大部分情况下，相对活跃的用户基本都能收回成本。互联网平台通过会员模式能够精准锁定优质的头部用户，并确保他们在平台上保持足够高的活跃度，进而挖掘出更多的潜在价值。使用会员模式变现时需要注意的一点是，可以让会员有更好的体验，但是尽量不要因此而折损普通用户的基础体验。

3. 流量变现

通过流量进行变现的模式主要适用于那些拥有大量免费用户的互联网平台或产品。在"流量为王"的当下，这一模式被绝大部分互联网平台或产品采用，其中主要有广告变现和数据变现两种形式。

（1）广告变现

广告变现是指当一个社群吸引了足够多的用户时，就可以通过广告盈利了。广告的形式也多种多样，包括广告位、信息流、软文植入、直播带货等。

（2）数据变现

如果说广告变现基于的是用户数量，那么数据变现基于的就是用户的具体行为。用户在使用互联网产品或服务的过程中，会产生大量的行为数据。这些行为数据经过脱敏、抽取、过滤和加工，就能形成合规、有效且可利用的数据，通过数据运用或商业转让变现，如基于地图用户数据的出行服务、反欺诈平台的黑名单数据等。

🔍【案例 5-5】

黑马社群

黑马社群作为新型的大众创业孵化加速器，致力于以创始人群体的需求为核心，打造一个集学习成长、融资路演、推广咨询等服务为一体的创业服务生态圈。黑马社群本质上是让用户之间产生深度合作或交易关系。

黑马社群的创业者用户通过牛投的股权众筹模式互相投资和帮助，最终，优质的创业者可以在新三板挂牌。在这个模式里，黑马社群里出现了由用户自行发起的合作圈子，成为社群里的子社群。如果一个社群拥有很多个子社群（小圈子），那么可以说这个社群的生命力是非常旺盛的。

黑马社群强化用户的参与感，旗下的黑马大赛、黑马商学院等都支持黑马社群的用户参与，而这些活动之间也都有一定的关联。在精神层面，黑马社群同样也致力于优越感的打造，《创业家》及 i 黑马的报道，以及加入拥有优质创业者的黑马营和黑马会，均让创业者对黑马社群更有归属感。黑马社群的灵魂人物、创立者牛文文在黑马社群中起到定海神针的作用，被很多创业者当成创业标杆。而黑马社群强大的凝聚力来源于共同的信仰。黑马社群中，先成功的创业者帮助还在成长中的创业者，最终通过创业者的互相帮助和合作，达到共同成功。

拓展练习

打开搜索引擎，输入关键词"社群变现案例"进行搜索，了解更多的社群变现方式。

分组讨论，整理讨论的内容，形成一份关于社群变现活动的报告，各组之间分享成果。

活动 5.3.2　熟悉变现方式

做中学

社群的风口随着互联网的发展越来越大，人们的需求也越来越广泛，因此做社群的人越来越多。不过，很多社群看起来用户不少，在变现的途中却一波三折，往往花费了大力气也没有得到可观的收益。大家思考一下，为什么社群变现难，需要如何实现变现呢？

_____

_____

_____

必备知识

1. 社群产品变现

社群产品变现是很多产品型社群热衷的一种变现方式，主要是指根据用户的需求痛点，设计出让用户满意的产品，从而实现变现；或者直接让用户参与社群产品的设计研发、营销推广环节，从而实现变现。如小米社群，就是通过让"铁粉"参与研发、内测、宣传、营销的过程，增强社群用户的参与感、荣誉感、归属感，最后推出产品而实现变现。

2．社群服务变现

社群服务变现是指通过给社群用户提供专属的、有效的价值输出而实现变现的一种方式，具体形式一般是收取会员费、门槛费。如果某个社群从未变现过，可以先通过社群服务变现，比如向社群用户提供行业资讯、"干货"资料包、日签早报、资源对接等相关服务，进行第一次社群变现的尝试。一旦收取会员费，社群用户对社群的服务要求便会提高，对服务的要求也会更加精准，所以，社群价值也会随之进一步提高。同时，这样有利于把社群中的活跃用户和有归属感的用户聚集在一起，通过输出服务的方式，增强社群用户的黏性，进一步促进社群的发展。

3．社群广告变现

社群广告变现又叫流量变现，就是通过在社群内发布广告的方式实现变现。一般来说，有两种社群广告的变现模式：一种是给合作方打广告，把社群当成发布广告的渠道，收取广告费；另一种是代理产品，在社群内发布产品广告，收取佣金。在社群内发布广告时要注意两点：一是要严格把控产品质量，最好亲自试用；二是要注意推广频率，不能频率过高，对用户产生打扰。

【案例5-6】

瑞幸咖啡的自救之路——通过社群疯狂变现

2020年5月，瑞幸咖啡陷入财务数据造假风波。当很多人都以为瑞幸咖啡要倒闭时，瑞幸咖啡却迅速调整了营销策略，通过不断优化"小程序+社群"的精细化运营方案，在2021年上半年就实现了由亏转盈。瑞幸咖啡2021年第3季度财报显示，瑞幸咖啡第3季度总净收入为23.5亿元，较2020年同期增长105.6%，其中，自营门店同店销售额增长75.8%，联营门店销售额较2020年同期增长355%。瑞幸咖啡交易用户数量的大幅增加是营收增长的主要原因。

瑞幸咖啡"小程序+社群"运营策略的成功，不仅提供了持续获客拉新的渠道，还实现了用户留存和高频的复购。许多传统咖啡零售门店都不具备数字化的基础，瑞幸咖啡抓住了这一点，打通了用户数据和门店数据的转化渠道，实现了小程序、公众号、视频号、社群、朋友圈等微信生态的互联互通，如公众号定期推送营销内容沉淀用户，视频号每周多次定期直播等。至此，瑞幸咖啡形成了获客、交易、转化、留存的微信运营闭环，实现了收益增长和私域运营双丰收。瑞幸咖啡点餐小程序如图5.8所示。

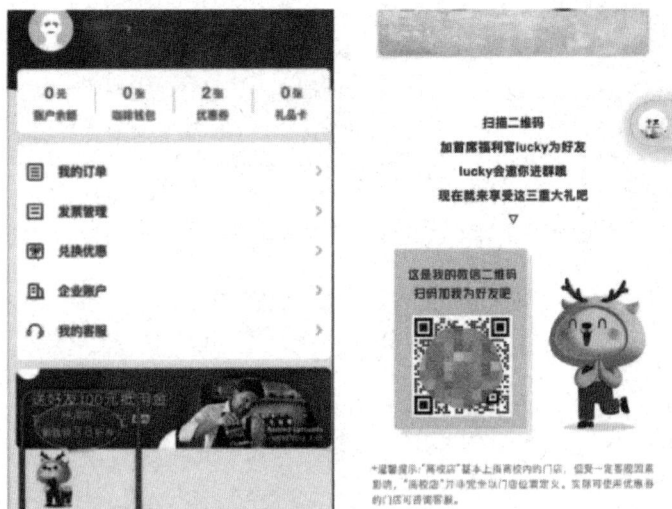

图 5.8　瑞幸咖啡点餐小程序

可以说，随着许多产业的数字化，基于大数据分析的个性化营销正一步步走进我们的生活，而不局限于互联网中，这也许会成为下一个大势所趋的营销浪潮。

拓展练习

打开搜索引擎，输入关键词"社群变现案例"进行搜索，了解更多的社群运营和变现方法。

分组讨论，整理讨论的内容，各组之间分享成果。

活动 5.3.3　技能训练：使用工具促进用户变现

社群的用户黏性非常强。可以通过知识分享、定期答疑等服务项目不断输出内容，让用户有参与感。下面介绍一款实现知识变现的宝藏小程序——纷传。

纷传是一款专注于知识内容产出和沉淀的社群变现管理工具，不但可提供社群搭建、内容运营、圈友互动、活动、抽奖等丰富的工具链，并且可为企业及圈主搭建专属的圈子，提高服务效率，降低管理成本。纷传小程序的优势如下。

（1）无须用户下载 App，可直接用微信创建知识付费社群。

（2）手续费低，相比于市面上高达 20% 的手续费，纷传仅收取 3%。

（3）功能丰富，除了支持付费圈子，还支持问答、打卡、报名、抽奖等，并且在不断更新中。

（4）引流简单，可关联公众号、分享小程序卡片、分享朋友圈。

（5）企业版还提供多板块功能，助力用户 3 分钟打造自己的微信生态闭环。

纷传小程序的使用步骤如下。

（1）搜索微信小程序"纷传"并且注册、登录。

（2）创建圈子。

（3）上传相关圈子内容。

（4）分享圈子二维码、链接，邀请用户加入。

教师点评

思政园地

技能人才校企合作大会搭建人才精准对接平台

技能人才是人才队伍的重要组成部分，是支撑经济社会高质量发展的重要力量。为促进技能人才精准对接，助力企业转型升级，2022浙江·杭州技能人才校企合作大会开幕。大会通过校企合作洽谈会、企业走访、技能人才云聘会等活动，搭建校企合作的高效平台，探索新形势下技能人才培养、就业、发展的深度融合。

本次大会由浙江省人力资源和社会保障厅主办，浙江省职业介绍服务指导中心、浙江省职业技能教学研究所、杭州市人力资源和社会保障局、中国职工教育和职业培训协会技校委员会承办。

杭州全面推动数字经济和制造业高质量发展、企业数字化改革、产业转型升级，对技能人才提出了数量和质量的双重要求。对此，本次校企合作洽谈会邀请到全国近百所职业院校、技工院校及各类企业参与线上和线下对接洽谈，加强政校企三方联动，合力推动校企合作、产教融合，促进技能人才供需对接和高质量发展。

现场来自省内的40家职业院校、技工院校设展，其中不乏国家重点技工学校、国家级信息化高技能人才培训基地。各大院校推出的电气自动化设备安装与维修、新能源汽车检测与维修、数控加工、电子商务等专业备受关注，吸引到老板电器、吉利汽车、南方泵业、格力电器等众多企业前来揽才。

"今年下半年外贸订单恢复，一线技工需求明显增加，虽已招募200人，但仍有50多名机械类技工的用工缺口。"浙江兆丰机电股份有限公司人力资源部的张铃洁说，"与在社会上招聘人员相比，技工院校毕业生在专业对口性、学习能力等方面更具优势，虽然可能在实践经验、社会经验方面较欠缺，但可以通过企业的针对性培养，实现企业与人才共同成长，切实帮助企业解决用工紧张的难题。"她希望通过洽谈会拓展"朋友圈"，为企业长期发展储备人才。

　　除了一线基础技工，企业对适应数字化转型的高技能人才的需求也在日益增长。杭州技师学院时任院长邵伟军介绍，为满足企业用工需求，输送更多高技能人才，近年来，该校进行生源扩招和专业转型，"我们对标浙江数字经济产业发展要求，开设了集成电路、芯片测试、工业互联等数字经济领域的新专业，提前为企业储备人才。"但填补技能人才缺口，还需要从人才培养的源头加以引导，"希望更多年轻人转变观念，投身技能成才、技能报国之路，在为企业转型升级和经济高质量发展贡献力量的同时，也让自己通过技能实现出彩人生。"邵伟军说。

　　除了洽谈会，大会还有多项活动亮点纷呈。开幕当天，省内参会的学校负责人观摩杭州新制造产业中具有代表性的重点企业，感受杭州新兴产业发展现状，感受未来工厂建设，近距离了解生产经营、企业文化、发展前景和人才需求，进一步促进技能人才供需对接。

项目6

用户维护技巧

思维导图

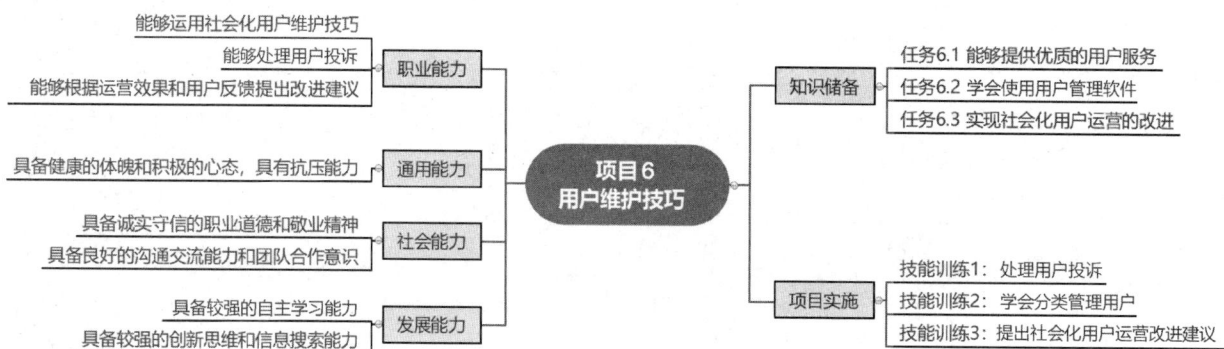

学习目标

【知识目标】

（1）了解社会化客服的含义。

（2）熟悉用户投诉处理的技巧。

（3）熟悉用户数据分析软件。

（4）理解用户分类。

（5）掌握用户分类管理技巧。

【技能目标】

（1）能够运用社会化用户维护技巧。

（2）掌握处理用户投诉的技巧。

（3）掌握用户反馈信息的数据分析。

【素质目标】

（1）培养创新意识：能够在分析用户维护对社会化用户运营影响的基础上提出新的观点。

（2）提高网络信息搜索能力：能够自主上网搜索有关用户维护的知识、案例，并与其他人分享。

社会化是一个广泛应用于社会学、社会心理学、人类学、政治学与教育学范畴的名词，指人类学习各种社会规范、传统、意识形态等社会文化元素，并逐渐适应于其中的过程。

用户的社会化常受到地区文化的影响，且因每个人的成长背景不同，社会化的过程、内容也互不相同。

提升用户维护技巧可以通过相关社会组织的支持来实现。这些组织包括家庭、学校、青少年活动中心等。此外，杂志、电影、电视等媒介也发挥着重要作用，因为它们向大众传播文化价值观。

本项目主要完成 3 个任务：能够提供优质的用户服务、学会使用用户管理软件、实现社会化用户运营的改进。

任务 6.1　能够提供优质的用户服务

问题引入

随着时代的进步、信息技术的发展，我们逐渐进入了微传播时代。在这样的时代，以互联网为依托，借助移动 App 为社会化用户提供优质的服务显得尤为重要，这已经成为社会化用户运营者的必备技能。那么，怎样才能提供优质的用户服务呢？

_____

_____

你知道吗

在社会化用户运营中，用户是维护社会化运营的纽带，也是关系到转化的重要因素。要激发用户的购买欲望并促成交易，社会化客服就要具备足够专业的知识，能够对用户提出的问题给予恰当的答复。所以，掌握较多的回复话术，有利于开展优质的用户服务工作。

活动 6.1.1　熟悉回复用户咨询的话术

做中学

请做个小调查，调查问题如下：用户咨询的回复重要吗？为什么？请列举有哪些回复话术。

_____

_____

_____

📅 必备知识

1．社会化客服

社会化客服是用户与企业进行对话的窗口，代表着企业的形象。具有专业知识和较高职业素养的社会化客服能够更好地为用户提供优质的服务。

2．社会化客服回复话术

（1）开场白

- 您好，欢迎光临本店铺！请问您有什么问题需要咨询呢？不要忘了关注本店铺哦！
- 您好，在的哟，请问有什么问题可以帮到您呀？

（2）产品咨询

- 亲爱的，您眼光真好，您选的款式十分畅销，您穿上肯定十分漂亮！现在下单，今天就可以给您安排寄出哦！
- 亲，我们的产品都是实物拍摄的，但是由于光线及显示的原因，可能会跟实物稍有差别，但是请您放心，我们已经尽量把色差降到最低了，还请亲谅解。

（3）换货问题

- 您好，收到宝贝后若有质量问题，请于 24 小时内联系我们为您换货。
- 亲，您好，这边已收到您的退款申请，等这边财务确认订单编号以后就可以给您退款，请您耐心等待！

（4）催下单

- 客官，您之前咨询的宝贝还在等待您的召唤，喜欢就赶紧拍下吧！我们可以尽快给您安排发货哦！
- 亲，您对之前咨询的宝贝还有什么疑虑吗？现在下单享豪礼，活动名额紧张，喜欢就不要错过哦！我们在期待您拍下呢！
- 亲，还在考虑什么？真心希望您不要错过这么好的产品和这么优惠的价格呢，现在库存不多，喜欢的话就赶快拍下宝贝吧！

（5）议价

- 亲，价格是比不完的，我们追求的是产品的质量。产品都是一分钱一分货，质量好，您用着也放心。

- 亲，价格已经是最优惠的了，您看这样，我给您申请送点小礼品，也算是我的一份心意了，下次您再过来，我给您申请个 VIP，这样以后您每次下单就都有礼品送啦！

（6）等候用语

- 亲，请您稍等一下，让我迅速浏览一下聊天记录，了解您的问题，以便更好地为您解答哈！

- 为了更好、更准确地解答您的问题，我需要核实一下情况，可能需要一点时间，请您耐心等待哦。

（7）致歉安抚

- 亲爱的，真对不起，我们确实没有做好。网上买东西最重要的就是开心，这次让您不开心了，我真诚地向您道歉！

- 亲，真是不好意思，我也希望您在我们家买东西能开心愉快，我们会虚心地接受您的建议，以后一定改进，这次给您添麻烦了，实在抱歉！

（8）邀评

- 亲爱的，如果您对我的服务满意，还请您对我做出评价呢！衷心地祝福您生活愉快，一切顺利！

- 请问还有其他可以帮助您的吗？祝您和您的家人身体健康，也麻烦您对我的服务做出评价哟！

（9）结束语

- 感谢您的咨询！您可以收藏本店铺或者喜欢的宝贝哦！期待您的再次光临，祝您生活愉快！

- 谢谢您对小客服的支持！小客服先不打扰您了，祝您生活愉快！

【案例 6-1】

屈臣氏——玩的就是消费心理

屈臣氏不仅是亚洲地区较具规模的个人护理用品连锁店，还是全球最大的保健及美容产品零售商和化妆品零售商之一，在"个人立体养护和护理用品"领域聚集了众多世界顶级品牌。

屈臣氏纵向截取目标消费群体中的一部分优质消费者，横向做精、做细、做全目标消费者市场，倡导"健康、美态、欢乐"的经营理念，锁定 18～35 岁的年轻女性消费人群，专注于个人护理用品与保健品的经营，深度研究目标消费群体的心理与消费趋势。自有品牌产品从品质到包装，全方位考虑目标消费人群的需求。

自有品牌在屈臣氏店内是一个独特的类别，消费者光顾屈臣氏不但选购其他品牌的产品，而且购买屈臣氏的自有品牌产品，因为其每次推出自有品牌产品都以消费者的需求为根本导向和出发点，不断带给消费者新鲜的理念。通过自有品牌，屈臣氏时刻都在与消费者直接打交道，既能及时、准确地了解消费者对产品的各种需求信息，又能及时分析并掌握各类产品的适销状况。在实施自有品牌策略的过程中，由零售商提出新产品的开发设计要求，与制造商提出相比，具有产品项目开发周期短、产销不易脱节等特征，在降低了风险的同时，也降低了产品开发成本，还创造了价格优势。

"买贵退差价""我敢发誓保证低价"是屈臣氏的一大价格营销策略，但屈臣氏也通过差异化和个性化来提升品牌价值，并不是一直以来都走低价路线。屈臣氏推出了贵宾卡，加强了对消费者的价值管理。贵宾凭贵宾卡可以参与购物获取积分（积分可以用来换购店内任意产品）、双周贵宾特惠、部分产品享受八折优惠等活动；每消费 10 元可获得 1 积分奖赏，1 积分相当于 0.05 元的消费额；可兑换多种产品，也可累积以体验更高价值的换购乐趣；享受额外积分产品、贵宾折扣和贵宾独享等优惠。这给消费者带来了更多的消费乐趣。

屈臣氏通过研究社会化用户的消费心理，制定有针对性的营销策略，使其在激烈的市场竞争中立于不败之地。

学习社会化用户维护技巧，可以从生活实际出发，了解沟通方式，把握用户心理。

拓展练习

打开搜索引擎，输入关键词"社会化用户咨询回复"进行搜索，了解更多的回复技巧。

分组讨论，整理讨论的内容，形成一份关于社会化用户客服回复技巧的文本，各组之间分享成果。

活动 6.1.2　熟悉用户投诉处理的技巧

做中学

不少用户表示，小部分社会化运营人员（此处指客服）的素质低下、专业程度低，无法解决他们投诉的问题。对此，你有哪些好的意见和方法呢？

_____

_____

_____

必备知识

在"互联网+"的影响下，社会化用户主体逐渐多样化。有些言行，其他人会认为不妥，但他们自己并不认为，这是性格差异决定的。客服在处理社会化用户的投诉过程中，会碰到很多这样的人，他们的思维方式虽然有悖常理，但仍应按照常规的方式进行投诉反馈，同时掌握一定的投诉处理技巧。

1．投诉用户的类型

（1）彬彬有礼的投诉用户

彬彬有礼的投诉用户非常注重自己的形象和言行，他们总是向对方展示友好的一面，容易博得别人的好感。客服有时被表面现象迷惑，认为这类用户的问题比较容易解决。其实，作为进行投诉的用户，博得好感是为了达到其较高的期望值。他们比较有耐心，期望值很难被降低，属于比较难应对的人群。处理他们的投诉，往往耗时耗力，拖的时间很长。

有时，怎么谈都没有进展，客服就会失去耐心，从而激化矛盾。在实际工作中，对待这类用户，若一开始从正面谈的效果不好，往往需要客服另辟蹊径。

（2）盛气凌人的投诉用户

盛气凌人的投诉用户自恃极高，很少把别人放在眼中。他们一般很讲究穿戴，以暗示他们高人一等。他们瞧不起一般的客服，认为与客服交谈有失身份，而要直接与管理层谈问题。

应对盛气凌人的投诉用户，要满足他们与有关领导谈问题的要求，给足其面子。公司可以安排专人跟进这类用户的问题，提供主动服务以增强其信任感，逐渐降低他们的期望值，在条件成熟时，商谈解决问题的方案。

（3）口若悬河的投诉用户

口若悬河的投诉用户一般是不顾及他人感受的人，常常以自我为中心，想什么时间来就什么时间来，事先并不约定，来了之后可能将客服的工作计划全部打乱。倾听他们诉说，对客服的耐心程度是一种考验，因为他们常常谈几小时，生怕客服没有听懂。

对待这类用户，客服应该掌握主动权，主动约他们，主动与他们商讨问题。

（4）自以为是的投诉用户

自以为是的投诉用户性格固执，只讲自己的道理，听不进去别人的劝说。他们还往往比较暴躁，易动怒。

应对这类用户，可以先让他们发泄情绪，再耐心讲解公司的相关政策。如果没有效果，而且控制不住局面，最好请第三人介入，找出可能对他们有影响的人，与之商讨解决问题的方案。

（5）哭哭啼啼的投诉用户

应对这类用户，除了要对他们表示同情，还要努力与他们建立个人关系。在这种情况下，客服以个人身份回应，往往比以工作身份回应的效果好。

2．处理用户投诉的技巧

（1）虚心听取用户投诉，耐心倾听对方诉说

用户只有在利益受到损害时才会投诉，因此客服要专心倾听，对用户表示理解，并对用户投诉的内容做好记录。用户叙述完后，客服应复述其内容并征询用户意见。对于问题较小

的投诉，客服自己能解决的，应马上答复用户；对于无法马上解决的投诉，要给出时间承诺。在处理过程中，无论进展如何，到承诺的时间都要向用户反馈进展，直至问题解决。

（2）设身处地，换位思考

当接到用户投诉时，客服首先要有换位思考的意识。如果是公司的失误，客服首先要代表公司表示歉意，并站在用户的立场上为其设计解决方案。若有三四套解决方案，客服可将自己认为最佳的一套方案提供给用户，如果用户有异议，可再换另一套，待用户确认后再实施。当问题解决后，至少还要征询一次用户对该问题的处理意见，争取下一次的合作机会。

（3）承受压力，用心去做

当用户的利益受到损害时，会因着急而提出一些过分的要求。作为客服，此时应能承受压力，用专业的知识、积极的态度解决问题。

（4）用积极的态度处理问题

用户投诉后，客服要用积极的态度去处理，在用户再次联系之前与用户沟通，让用户了解处理问题的进程，争取圆满解决问题并使最终结果超出用户的预期。

（5）长期合作，力争共赢

客服在处理投诉的时候，一定要将长期合作共赢作为前提。

【案例 6-2】

海尔集团的真挚服务

海尔集团前些年推出了一款叫"小小神童"的洗衣机。该款洗衣机刚被推向市场时，由于设计存在一些问题，返修率相当高。海尔集团是怎么处理问题的呢？首先调集了大量员工，然后向用户承诺"接到投诉电话后 24 小时之内提供上门维修服务"。很多用户的洗衣机都是经过海尔集团连续三四次甚至五六次上门维修才解决问题的。

最终这件事的结果是，有很多用户反映"任何新的产品都会存在这样或那样的问题，但对于海尔（集团）的服务，我们是满意的。"因为他们看到了企业对用户的重视。

案例说明了无论是运营者还是用户，都是社会化用户的组成主体，主动的一方不同，就会出现截然不同的结果。请思考海尔集团的真挚服务具体体现在哪些方面，在我们所学的处理用户投诉的技巧中，属于哪一种。

拓展练习

打开搜索引擎，输入关键词"用户投诉处理技巧"进行搜索，思考以下问题。

用户投诉的核心问题是什么？投诉用户类型有哪些？可以运用什么技巧？

分组讨论，整理讨论的内容，形成一份社会化用户投诉处理技巧的报告，各组之间分享成果。

活动 6.1.3　技能训练：处理用户投诉

情景模拟：移动公司不是乱收费的

时间：某个下午的业务高峰期

地点：中国移动某营业厅

经过：一名用户冲进营业厅，气势汹汹地说："谁是你们这里的领导，我要投诉你们！"原来是这名用户近来一直感觉自己的话费比平时略高，今天打出账单，发现自己的话费账单中有一项代收信息费 35 元。该用户无法理解，认为是移动公司巧立名目，乱收费用，要求移动公司退费，并赔偿损失。假如你是那位应对投诉用户的客服代表，你会如何处理？

道具：桌子、椅子

演员：用户、客服代表

要求：

- 分组完成用户与客服代表在上述情境下的角色扮演。
- 小组归纳总结移动公司应给出的处理方案。

_____

_____

_____

技能总结：

用户对事物有两种追求：过程和结果。"买卖不成仁义在"，解决问题的第一步永远是处理用户的情感。

- 大多数时候，用户不关心客服懂多少，只关心客服能为他们解决多少问题。
- 客服不要总是为自家的产品或服务辩护。
- 让用户成为解决问题的一员，而不是问题的一部分。
- 告诉用户你能做什么，而不是不能做什么。

教师点评

![思政园地]

客户开发

客户开发就是企业让目标客户产生购买欲望并付诸行动，促使他们成为现实客户的过程。企业开发客户的策略可分为营销导向的开发策略和推销导向的开发策略。关于营销导向的开发策略，借鉴《孙子兵法》中的"不战而屈人之兵，善之善者也"这句话，就是不求人的营销导向，是客户开发的首选之策。

所谓营销导向的开发策略，就是企业通过有吸引力的产品策略、价格策略、分销策略和促销策略，吸引目标客户和潜在客户产生购买欲望并付诸行动的过程。营销导向的开发策略的特点是"不求人"，即由客户自己完成开发，自愿地被开发，是企业获得客户的理想途径。

功能和效用是吸引客户的基本立足点。功能越强、效用越大的产品或服务，对客户的吸引力就越大。此外，质量好的产品或服务更容易得到客户的青睐，在吸引客户上能起到至关重要的作用。

企业要想在激烈的市场竞争中脱颖而出，其产品或服务必须有足够的特色，吸引客户的注意和光顾。品牌是用以识别某个产品或服务，并使之与竞争对手的产品或服务区别开来的商业名称及标志。久负盛名的品牌能够让客户信任，增强客户的购买信心，提升产品或服务在客户心中的形象和地位。

客户对产品的第一印象往往不是来自产品的内在质量，而是来自外观包装。包装能够方便产品的保护、运输、储存、摆放，上架后易被客户识别、购买、携带和使用。

任务6.2 学会使用用户管理软件

![问题引入]

可以运用相关的用户管理软件进行用户数据分析，根据数据得出相关结论，为打造优质的用户服务提供强有力的参考依据。你知道哪些用户管理软件？它们有哪些价值？

_____

_____

![你知道吗]

企业可以根据用户管理软件的数据分析结果，归纳总结用户管理的相关技巧，帮助企业在社会化用户环境中不断取得进步和突破。使用客户关系管理系统能够有效实现客户的数据

记录，实现快速电子化记录，永久保存用户数据。

活动 6.2.1　熟悉用户管理软件

做中学

请做个小调查，调查问题如下：你知道什么是 CRM 吗？它在数据分析中扮演了什么角色？它运用了哪些方法打造优质的用户服务？

_____

_____

_____

必备知识

1．CRM 系统

CRM 系统即客户（用户）关系管理系统，是指利用软件、硬件和网络技术，为企业建立的用于客户信息收集、管理、分析和利用的信息系统。CRM 系统以客户数据的管理为核心，记录企业在市场营销过程中和客户发生的各种交互行为、各类有关活动的状态，以及提供各类数据模型，为后期的分析和决策提供支持。

2．用户数据分析软件

（1）纷享销客

纷享销客是国内的老牌 CRM 软件之一，具备非常成熟的产品功能，如销售管理、客户管理、拜访管理、商机提示、合同管理、数据分析、公海池等，几乎能够满足大部分大中小企业对 CRM 的需求。

同时，纷享销客性价比较高，支持私有部署、定制化开发、SaaS（软件即服务）等购买方案。

（2）Salesforce

Salesforce 在 CRM 市场上占有较大份额。该软件将潜在客户管理、营销自动化、销售数据记录、合作伙伴管理功能结合在一起，实现了系统化的引导转换方法。它提供了一个非常强大的工作流程系统，支持拖放操作，能够管理交易、折扣和费用等。此外，Salesforce 还提供多种模块，包括销售云、销售业绩、销售协作、营销云等。

（3）Oracle

Oracle 托管型 CRM 被认为是分析师喜欢的 CRM。这个软件有什么好处？对初学者来说，它安装非常简单。通过一整套应用程序接口（API），即可轻松访问和修改（同步）数据。它提供了大量实时集成选项，同时专注于（企业级）数据安全。该软件有助于提升社交效率，也被认为是社交 CRM。

（4）HubSpot

HubSpot CRM 完全免费，是一款非常受欢迎的 CRM 软件。该软件包括大多数 CRM 软件提供的基本功能，允许跟踪企业的活动，包括联系人和企业简介，分配和跟踪交易，以及在详细的仪表板中管理所有数据（所有团队成员都可以看到）。如果成为 HubSpot 的销售用户，还可以用来提高销售额。

拓展练习

打开搜索引擎，输入关键词"用户管理软件的数据分析"进行搜索，了解借助用户管理软件进行数据分析的技巧。

分组讨论，整理讨论的内容，围绕一款用户管理软件形成一份学习成果报告，各组之间分享成果。

活动 6.2.2　熟悉用户分类管理的技巧

做中学

用户是社会化运营生存和发展的动力源泉，也是企业发展的生命资源。用户的质量决定着企业的质量，只有对用户进行有效的分类管理才能更好地发展企业。那么如何进行有效的用户分类管理呢？又有哪些用户分类管理的技巧呢？

必备知识

1. 用户分类

（1）按层级分类

可按层级，把用户分为关键用户（A 类用户）、主要用户（B 类用户）、普通用户（C 类用户）3 个类别，即 ABC 用户分类法。对不同类别的用户，企业应采取不同的管理方法，并建立科学动态的分类管理机制。

（2）按差异分类

可基于用户的消费行为、偏好、盈利价值等对用户进行分类。企业通过采取科学的技术手段，处理好企业与用户之间的关系，来提高和维持较高的用户占有率，如正确识别用户盈利价值的差异性，进而采取有效的管理措施。

（3）按资源配置分类

考虑到企业资源的有限性，需依据用户对企业的重要程度及潜在价值进行资源与用户的合理分配。企业既要对所有用户一视同仁，又要对关键用户提供更多的服务，各项投入与支出都应当用在"刀刃"上。

（4）按用户特征分类

企业可针对不同用户的需求特征、消费行为、期望值、信誉度等制定不同的营销策略，配置不同的市场销售、服务和管理资源。

2. 用户分类管理技巧

（1）了解用户的兴奋点和敏感点

在社会化环境中，企业如果想让用户配合"演出"，希望有更好的拉新、留存、转化、促活等数据，那么至少要知道用户的兴奋点和敏感点。在用户运营领域，兴奋点和敏感点是理解用户行为动机的核心概念，分别对应用户的正向情绪触发点和负面顾虑关注点。两者共同决定了用户是否愿意参与某个活动或服务。

（2）学会管理各类用户的预期

Kano 模型是帮助用户进行需求分类和优先级排序的模型。它将需求划分为 5 类：基本需求、期望需求、兴奋需求、无差异需求、反向需求。这个需求排序很好地反映了用户的满意度情况。企业要想让用户认为产品或服务好，就要使其价值超出用户的预期。例如，一个人在骑共享单车实现他的骑行需求后，收到了平台发放的现金红包，这是超出他的预期的。

（3）对用户分类，对症下药

产品或服务面向的用户往往风格不同。企业可以按用户的性格、付费情况、活跃度、成长周期等对其进行划分，具体怎么分类要看产品或服务的属性。例如，滴滴在用户补贴方面，根据用户使用优惠券的行为比例，把用户分为对价格敏感和不敏感的用户。对价格不敏感的用户，即便滴滴减少补贴，也完全感知不到；而对价格敏感的用户，在有补贴的情况下，能明显提升其打车的活跃度。

【案例 6-3】

汇丰银行如何定义其最佳用户

汇丰银行将用户的业务需求分为 5 类：个人金融服务、用户融资服务、商业银行服务、投资银行服务和市场个人银行服务。汇丰银行以"从本地到全球，满足您的银行业务需求"为其独有的特色，在众多竞争的同行中脱颖而出。

汇丰银行大部分重要的用户都由汇丰银行设立的专门的用户关系管理团队提供服务，因此可以说他们是"汇丰的上帝"。无论他们需要何种个性化的服务和帮助，用户关系经理都会在电话的另一头随时响应。如果他们寻求更专业的建议或解决特定问题的方法，那么用户关系经理可能会向其他人征求更完善的建议，或者将其他更合适的专业团队介绍给用户。无论是哪一种情况,汇丰银行的用户都能享受一站式服务。

不过,有时因为其他原因,用户会在几天之后才得到答复。这会使他们对汇丰银行的 VIP 服务产生一种负面印象。比如,用户需要查询一些信息,而用户关系经理无法立即从自己的资源里查明,需要 1~2 天后告知,这会让用户认为汇丰银行的服务系统并不十分快捷有效。那么汇丰银行该做些什么来改进这些问题呢?当重要的用户需要汇丰银行提供一些信息或专业的建议时,汇丰银行该如何来满足他们?

汇丰银行的用户关系管理理念之一是"鉴别最佳用户,设计最佳体验",即鉴别最佳用户,以用户金字塔为基础对用户进行分类,之后针对不同用户设计最佳体验(包括用户体验管理、业务流程管理和需求规划等)。

拓展练习

打开搜索引擎,输入关键词"用户分类管理"进行搜索。

分组讨论,整理讨论的内容,形成一份关于用户分类管理的报告,各组之间分享成果。

活动 6.2.3　技能训练:学会分类管理用户

1. 案例搜索

案例一:搜索一份中国装饰产品市场调研报告;

案例二:搜索一份国内微型汽车市场形势分析与预测报告。

2. 训练内容

从内容和形式等方面比较这两份报告的异同点,说说这两份报告各有什么优缺点,有没有基于用户分类给出不同的内容,你得到了哪些启示。

3. 训练要求

(1)分组:将全班同学按每组 8 人左右,分为 4 组,选出组长、记录员和发言代表。

(2)记录:各组的讨论结果由记录员做好记录。

(3)发言:派发言代表上台在规定的时间内做归纳发言,若发言结束后时间未用完,小组其他同学还可以补充发言。

(4)由教师对各组的讨论情况进行点评,并针对这两份报告存在的问题,指出撰写相关报告时应注意的事项。

教师点评

思政园地

直播带货，助果农提高销量

为了帮助位于重庆市万州区恒合乡的凤山果迷基地（以下简称"基地"）扩大宣传，提高销量，2023 年 7 月 9 日，由重庆学子组成的实践团于晚上 7 点到 8 点在基地进行直播带货。为此，实践团采访该基地老板，了解到了基地的发展理念、未来规划及近期目标。不仅如此，实践团还帮助他们认证抖音账号、制作基地宣传二维码、设计果盒外包装，通过宣传多种基地产品，并进行多次沟通，力求达到更好的效果。实践团在直播过程中邀请了基地老板介绍基地特有的认养果树的条件。这场直播不仅带动了基地的人气，也为基地开辟了新的销售路径，提高了销量。

基地之前有自己的宣传视频，所以实践团在制作二维码内容时结合了原视频的内容与风格，又加入了一些新元素。二维码内容一共分为 4 个部分。一是基地基本情况。该地区一直都存在着一个关于凤凰的传说，所以在这一部分介绍了该传说及基地的基本情况。二是基地现有品种：黄金桃、蜂蜜桃及苏翠一号梨。在视频中介绍了它们的生长周期、成熟时间和口感。三是基地发展理念。基地一直秉持着科技兴农、绿色健康、诚实守信、用心服务的信条。四是基地宣传视频。视频内容来源于打理基地的日常。

实践团为了使直播顺利进行，除提前几天采访基地老板外，还到基地实地考察。在与老板的交谈中，实践团了解到基地的更多信息和老板对直播的看法、意见；商量直播细节、具体定价、发货方式、福利等一系列标准；敲定直播方案，直播时按照时间顺序执行相应任务（具体视情况而定）。直播当天，为避免突发状况的发生，实践团提前排练，确定暖场节目脚本等。直播中，实践团邀请基地老板参与直播间互动，解答疑问，实践团在一旁补充讲解专业术语。实践团了解到该基地推出了认养果树的活动，便请老板在直播间讲述具体认养规则。

在快速发展的今天，将新媒体等网络平台作为宣传手段和销售路径，已经成为一种趋势。

任务6.3 实现社会化用户运营的改进

问题引入

从关系角度来讲，社会化用户是人与人之间互动所形成的群体。成员间分享各自的专业知识，训练工作角色技能，学习怎样应对相似的用户需求。尽管在很长的一段时间内，社会学者对"社会化用户"的学术定义众说纷纭，但大多认为其是成员之间共享温暖、关爱和互惠社会关系的群体，有着协作和相互支持的特征。

你知道吗

社会化用户运营是社会化用户建立人际关系的方法，而优化社会化用户运营的关键是能够构建让用户舒适、有归属感的社交环境。有学者从地理角度定义社会化用户运营，认为社会化用户运营是以一条街、一个小镇、一个地区或某个特定的空间环境为载体的用户运营模式。

活动 6.3.1　熟悉运营效果的数据分析

做中学

请做个小调查，调查问题如下：如何通过数据分析发现用户运营需要优化的方面？运营效果体现在哪些方面？

_____

_____

_____

必备知识

1．流量运营的数据分析

流量运营指的是通过各种推广、扩散、营销活动，提升网站的流量指标，如 PV（页面浏览量）、UV（独立访客）价值、注册转化量等。

（1）流量的转化漏斗

流量的重要性已经很明显了，流量越大，进入漏斗的用户就越多，可转化的基础用户量就越大。如果转化率到达瓶颈，那么持续而庞大的流量将会是一个网站、一个产品能够运营下去的关键因素。

因此，对各个环节的留存数据进行汇总，并分析每个渠道的转化漏斗表现，能够很好地找到漏斗中的薄弱部分，快速查缺补漏。

（2）流量性价比的评估

对不同渠道的效果进行对比，从而选择更好的渠道，是流量运营的重要工作。应对比分析各渠道的留存指标、流失指标、收入指标等，通过图表数据筛选出适合产品的渠道，进而调整资源投入策略。

（3）流量用户人群匹配度的评估

从长远来看，只有吸引来的用户与产品目标用户的匹配度足够高时，才能维护好这批用户。因此需要在不同阶段对不同渠道的用户进行画像解构，制定精准针对目标用户的推广方案。如果有精细化运营的条件，也可以用不同的版本或活动对不同用户进行维护。

2．用户运营的数据分析

（1）活跃用户、留存用户、付费用户的分析

用户是男性多还是女性多，他们分布在什么年龄层次，集中于哪些省份，受教育程度如何，兴趣点有哪些等，都是进行基础用户分析所需的信息，决定了运营人员应当采用何种运营策略，使用何种运营工具，发布哪些运营活动和内容。

（2）用户行为分析与转化

运营人员应通过对用户行为数据的分析，灵活运用事件分析模型、留存模型、转化漏斗，了解用户为什么来、为什么走、为什么活跃、为什么留存。只有对新用户的增长、已有用户的活跃和留存、活跃用户的付费转化、流失用户的挽回都有对应的措施，让所有的决策有迹可循，才能真正提升活跃用户、留存用户和付费用户的数量。

【案例6-4】

快手助力泉州男装运动产业带商家"流量变现"之路

在电商竞争日益激烈的当下，快手凭借自身独特的生态优势，积极为泉州男装运动产业带注入强劲动能，帮助众多商家成功探索出高效的"流量变现"之路。

快手充分发挥短视频、直播等内容传播形式的优势，结合流量倾斜、运营培训等扶持政策，为泉州男装运动产业带商家开辟了广阔的经营空间。在平台的支持下，商家因地制宜，采取多元经营策略，实现突围。

在直播领域，众多商家收获亮眼成绩。例如，2024年9月入驻的某新兴服饰品牌，凭借精准选品和富有感染力的直播风格，开播第二场，销售额便成功破万元，第50天，单场直播销售额就突破12万元，快速打开了市场知名度。

在短视频与货架场域，有不少商家大放异彩。部分商家每日坚持发布超10条挂车商品短视频（"挂车"指挂载商品链接），通过生动展示产品细节与穿搭效果吸引用户；积极参与商城活动，优化商品页面，借助平台资源打造出多个爆款单品，实现流量与销量的双向增长。此外，还有商家深耕货架场域，通过精细化运营商品卡，利用商城的扶持政策，大幅提升商品曝光量与转化率，精准触达目标用户。

与此同时，各商家还总结出一系列通用的成功经营策略。在日常运营中，商家坚持稳定的每日开播节奏，保证充足的直播时长，以此增强粉丝黏性；在大促节点，精心挑选热门商品参与活动，充分借势平台流量红利；积极完成平台设置的成长任务，获取流量激励与资源倾斜；同时，与快手小二保持密切沟通，获得专业的流量扶持和选品建议，进一步优化经营策略。

这些努力让泉州男装运动产业带商家迎来爆发式增长。众多商家在快手的助力下，不仅实现了流量向销售额的高效转化，还推动了泉州男装运动产业带的整体繁荣，为男装垂直电商的发展提供了极具借鉴意义的成功范例。

🔧 **拓展练习**

打开搜索引擎，输入关键词"社会化用户流量运营"进行搜索，了解相关案例。

分组讨论，整理讨论的内容，形成一份学习文档，各组之间分享成果。

活动 6.3.2 熟悉用户反馈信息的数据分析

🔍 **做中学**

用户反馈信息的数据分析是提升"互联网+"背景下社会化用户服务质量的一项有效举措。企业通过数据反馈可以了解社会化运营中的很多信息，有利于达成提供优质服务的目标。用户反馈信息的数据分析可以为社会化活动提供参考依据，很多服务行为可以从社会化活动中总结和提炼出来。

_____

_____

_____

📅 **必备知识**

1. 社会化活动运营

社会化活动运营的主要工作是通过开展独立活动、联合活动，在短期内提升一个或多个指标。活动运营的内容相当丰富，有文案撰写、流程设计、规则制定、成本控制、收益预估、A/B 数据测试、实施效果评估与总结、活动固化等。

2. A/B 数据测试

进行 A/B 数据测试的目的是基于数据优化运营策略和产品的逻辑做出原型，开展测试，直至定型，如测试某个新玩法是否能提高用户留存率。做产品的工作人员认为，无论设计多么出色，最终设计是好是坏还是需要用户来验证。

运营的目标是利用 A/B 数据测试快速验证，通过数据确定版本是否符合预期，减小损失，增大收益。需要注意的是，需要不断设计出能进行快速验证的小而精的测试。

3. 口碑分析与留存分析

通常情况下，活动设计得好坏，会第一时间从用户的舆情中反映出来。因此，结合舆情数据进行综合分析，往往能达到优化产品的目的。同样，活动本身的参与/留存数据能反映活动设计得成功与否，这将为优秀活动的固化提供有效参考。

【案例 6-5】

视频产品的信息反馈设计

在产品设计中，信息反馈是一个很重要的产品交互特征，可以给用户提供正确的引导信息，帮助用户做出判断和决策。信息反馈的形式也是多方面的，如视觉的、听觉的、触觉的，正面的、负面的等。良好的信息反馈有时会调动起用户的积极性，让用户有对产品的掌控感。

互联网产品存在两种界面反馈机制。

第一种是通过快速的界面改变进行反馈，如点击视频播放按钮，立即播放视频；点击微信聊天文本框，立即弹出键盘等。正常情况下，这类反馈无须设置任何反馈信息提示。

第二种是当界面变动很慢或者界面没有响应时，如果不给予提示，那么用户不确定自己的操作是否成功，会感到困惑。这是下面要详细讲解的信息反馈提示。

那么多长时间给出反馈提示才是合适的呢？

0.1 秒：这是用户感受到系统即时响应的阈值，系统除了直接显示操作结果，不需要有其他特殊的反馈提示。如用户点击播放按钮，立即播放视频，而不会提示"视频将要播放"。

1 秒：通常来说，操作反馈的延迟时间为 0.2～1.0 秒仍然不需要特殊的反馈提示，但此时用户已经感受到自己对产品失去了直接的操控。以点赞为例，如果不能在 1 秒内响应，用户就会感到响应很慢，失去了操作的流畅感，极有可能点击 1 次以后再次点击时，发现已取消点赞，连续多次点击导致操作失败。你是不是有疑问，才 1 秒，怎么可能导致连续点击？别忘了，信息经过神经传到人的大脑进行处理也是需要时间的，等大脑做出反应，时间早已不止 1 秒。

1～10 秒：对于超过 1 秒的延迟，有必要通过加载动画、反馈提示等手段进行提示，告知用户程序没有宕机，正在处理相关的任务，请继续安心使用。

超过 10 秒：10 秒是用户将注意力保持在当前任务的时间阈值。任何需要超过 10 秒才能完成的任务，都应有明确的进度指示器（条状进度条、饼状进度条、倒计时等）提醒用户；同时为用户指明中断当前操作的方法，让用户可以切换任务，合理安排自己的时间去处理其他事务。如用户看到爱奇艺片头广告的倒计时提示时，可以下滑页面查看其他内容。

拓展练习

打开搜索引擎，输入关键词"用户反馈信息的数据分析"进行搜索，思考以下问题。

用户反馈信息的数据分析对于产品的研发有哪些促进作用？具体表现在哪些方面（可以从产品的属性、价格、功能等方面思考）？

分组讨论，整理讨论的内容，形成一份关于用户反馈信息的数据分析报告，各组之间分享成果。

活动 6.3.3　技能训练：提出社会化用户运营改进建议

在移动互联网时代，电商企业不断增多，只有不断规范化经营才能真正实现发展。社会化媒体深深影响着信息的传播，电商企业利用社会化网络进行营销，是维护社会化用户发展、提升服务水平的重要窗口。

上网搜索有关多用户商城社会化营销的方案，为实现社会化用户运营提出可行的改进建议。

（1）分组：将全班同学按每组 8 人左右，分为 4 组，选出组长、记录员和发言代表。

（2）记录：记录员记录各组的讨论结果并制作汇报 PPT。

（3）发言：派发言代表上台在规定的时间内做归纳发言。若发言结束后时间未用完，小组其他同学还可以补充发言。

（4）由教师对各组的讨论情况进行点评，归纳总结多用户商城的运营如何与社会化营销相结合。

教师点评

🖉 **思政园地**

七波辉总裁·CEO 陈锦波：求实务实的品牌发展之道

1. 扎根——"蚂蚁精神"：夯实基础，稳中求进

1988 年，陈锦波兄弟几人走上自主创业的道路。

从一开始，陈锦波就不甘心只做一个小作坊。他和其他几个兄弟早早地便明确了分工，建立起了基础的生产流程和团队协作机制，而这种团队意识和管理模式，是七波辉稳步向前发展的根基。对于创业时期的总结，陈锦波用"蚂蚁精神"做了概述：创立企业不可能一蹴而就。想要取得更大的成功，团队必须像蚂蚁一样精诚协作、锲而不舍，向着共同的目标一步一步地扎实迈进。

兄弟们的团结协作，对市场和行业的科学、合理判断，在合适的时候做合适的事情，对产品品质的执着追求，对品牌影响力的不断提升和对经营模式的不断完善，正是七波辉在数次转型拓展期能够"立于不败之地"的根本原因。

20 世纪 90 年代的七波辉适时地向批发销售模式转型，并开始着手进行销售渠道的建设。甚至在当时，七波辉便已经进行订货会的尝试，这一如今在鞋服行业极为普遍的形式，在那个年代几乎是不可想象的。

2. 飞跃——"甘蔗定位学"：长远谋划，寻找蓝海

到了 21 世纪，品牌时代全面来临，鞋服品牌高速发展的黄金 10 年也正式开启。

在这个阶段，陈锦波领导下的七波辉并没有随波逐流，而是选择"粗放式"的跑马圈地发展道路。他当时预测，只有精准定位，走向细分市场，才是品牌的可持续发展之道。于是，七波辉进行了大规模的市场调研，将目标市场定位在青少年这一细分群体，成功开辟出一片市场蓝海。

"选择什么样的品牌定位，就像选择甘蔗的部位一样：接近土的甘蔗根部糖分高，但是比较硬；靠近叶子的部分水分大，甜度却大打折扣；而中间那一段则兼具头尾两段的特点，硬度和甜度恰到好处。选择哪一段甘蔗与选择细分市场和确定品牌定位是同一个道理，实际上就是要找到'最好'的那一段。"陈锦波的这个甘蔗定位学理论，与后来被引入中国的特劳特定位理论不谋而合。

在有了精准的市场定位之后，七波辉开始构建"青少年专属"的品牌核心价值体系，延展出由"专属版型、专属面料、专属工艺、专属色彩"四大模块构成的完整品牌体系，真正确立了七波辉的发展方向。

自此，找准方向的七波辉以破竹之势走上了一条围绕品牌、产品、渠道 3 条主线全面推进的发展道路：签约当红歌星作为形象代言人；拓宽产品品类，开启"鞋服一体化"工程，进一步深化"青少年专属"概念；十几年持续在 CCTV 少儿频道投放广告；成立七波辉商学院，大力输出营销服务，加强终端竞争优势等，推动品牌一步一步地迈向行业"制高点"。

3. 迈进——"出手的点"：求实务实，巩固行业领军地位

"在品牌 28 年的历程当中，有一批又一批忠诚的消费者热爱着七波辉品牌，所以我们才能走到今天。而且我们在市场当中的口碑、美誉度、忠诚度也都保持着较高的水准。但在'互联网+'时代，要应对新的挑战，就要从品牌自身再去调整，去做'减法'，保持求实务实的态度，以'简单化'的思维处理复杂的问题。"2015 年，在陈锦波看来，传统鞋服品牌要想利用互联网抓住消费者，更应当找准"出手的点"，而非贪求一剂猛药解决所有问题。

项目 7

用户交易风险防范

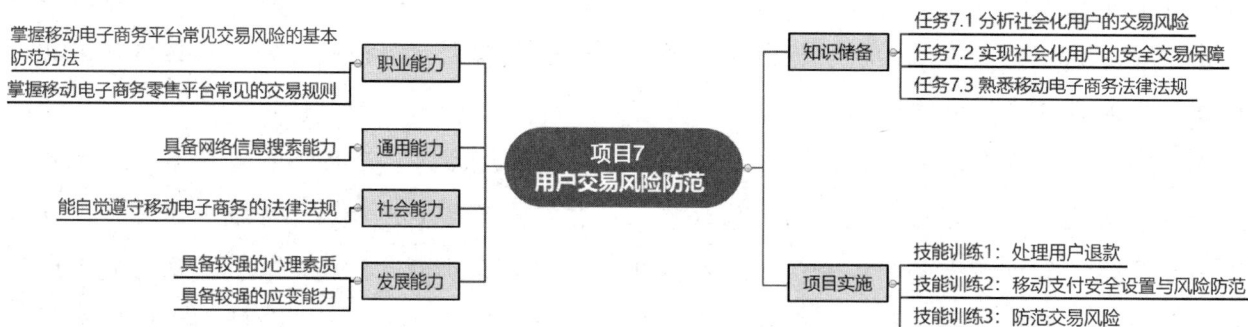

思维导图

掌握移动电子商务平台常见交易风险的基本防范方法 — 职业能力

掌握移动电子商务零售平台常见的交易规则

具备网络信息搜索能力 — 通用能力

能自觉遵守移动电子商务的法律法规 — 社会能力

具备较强的心理素质 — 发展能力
具备较强的应变能力

项目7 用户交易风险防范

知识储备
- 任务7.1 分析社会化用户的交易风险
- 任务7.2 实现社会化用户的安全交易保障
- 任务7.3 熟悉移动电子商务法律法规

项目实施
- 技能训练1：处理用户退款
- 技能训练2：移动支付安全设置与风险防范
- 技能训练3：防范交易风险

学习目标

【知识目标】

（1）了解社会化用户常见的交易风险。

（2）了解移动电子商务交易安全技术。

（3）了解移动电子商务交易网络安全体系。

（4）掌握移动支付安全设置。

（5）了解移动电子商务相关法律法规。

【技能目标】

（1）能够进行移动支付安全设置。

（2）掌握移动电子商务平台常见交易风险的基本防范方法。

（3）掌握移动电子商务零售平台常见的交易规则。

【素质目标】

（1）养成良好的职业道德：能自觉遵守移动电子商务法律法规。

（2）提高网络信息搜索能力：能够自主上网搜索移动电子商务相关法律法规的知识、案例，并与其他人分享成果。

2023 年 8 月 28 日，中国互联网络信息中心（CNNIC）在京发布第 52 次《中国互联网络发展状况统计报告》。报告显示，截至 2023 年 6 月，我国网民规模达 10.79 亿人。

电子商务与社交应用融合加深，移动支付使用率保持增长；网络购物与互联网支付已成为网民使用比例较高的应用。一方面，电子商务、社交应用、数字内容相互融合，社交电商模式拓展了电子商务的业务范围。在此基础上，电子商务总体保持稳定发展，在协调供给侧结构性改革、拉动就业、助力乡村振兴等方面发挥了重要作用。另一方面，绝大多数支付机构接入网联，提高了资金透明度，加强了网络支付的安全性。

目前我国社会化用户交易存在哪些风险？该如何防范这些风险？希望通过本项目的学习，可以完成 3 个任务：分析社会化用户的交易风险、实现社会化用户的安全交易保障、熟悉移动电子商务法律法规。

任务 7.1 分析社会化用户的交易风险

问题引入

作为一名客服专员，除了应具备良好的职业能力、心理素质、应变能力，还应具备哪些交易风险的防范能力呢？在交易过程中可能会出现哪些风险？

_____

_____

_____

你知道吗

2022 年 1 月 25 日，中国银联发布《2021 年移动支付安全大调查研究报告》，这是中国银联携手商业银行及支付机构连续第十五年调查全国消费者移动支付安全行为情况。该报告较为全面地呈现了 2021 年移动支付发展变化情况，为公众提供了有针对性的风险防范建议，同时推动了产业机构顺应消费者需求变化，升级支付安全措施，开展金融消费者安全教育活动。

网络直播产生的受骗者平均损失超过 3 500 元。调查显示，2021 年受损群体人均受损金额约降低 270 元，但受骗人群占比较 2020 年增加 6%，约占总人数的 1/7。其中"00 后"、60 岁及以上留守老人、农民、网店店主、企业主、自主创业者、服务人员等人群受损比例较高。

从欺诈方式来看，主要表现为网络直播和虚拟货币投资。数据显示，遭遇过网络直播诈骗的受访群体占比约为 11%，平均损失金额超过 3 500 元，其中老年群体遭遇大额欺诈事件时损失比例较高。在参与虚拟货币活动的群体中，45 岁以上人群、小微企业主、自主创业者、学生等群体的占比排名靠前，上述群体因此而发生损失的比例也高于平均水平。

在国家"放管服"政策的引导下，监管部门持续推进优化银行账户开户流程，并取得积极效果。而与此相对，各类犯罪人员为转移非法资金，通过各种非法渠道大量购买、获取他人账户。在做好账户服务的同时，防控账户买卖风险，成为支付产业面临的挑战性问题。

在日常生活中，有很多人同时办理了多张银行卡，其中有些卡片因为利用率低成为"睡眠卡"。本次调查显示，存在多张"睡眠卡"的受访者遭受资金损失的概率更大，受访群体中，有超过 3%的持卡人曾出借银行卡牟利，受损人群平均损失金额 2 000 元，"00 后"、小微企业主、自主创业者群体比例偏高。同时，出借银行卡的群体发生损失的概率更大，损失的金额更高。拥有 10 张以上银行卡且发生损失的受访群体，人均损失金额超过 3 000 元，高出受损人群平均损失金额的 50%。

受访数据显示，全年未遭受过权益损害的受访用户占比较 2020 年提升了 3%。其中，消费者反映较为突出的个人信息被过度采集和个人信息泄露问题有所改善。值得关注的是，受访大学生是感受到个人权益受侵害种类最多的群体，平均会遇到 3 种以上的权益被侵害的行为。

2024 年 2 月 5 日，中国银联发布《2023 年移动支付安全大调查报告》，从用户移动支付习惯、风险行为、损失情况和防范措施等维度开展跟踪研究，并由此向公众提出风险防范建议，助力守护老百姓的"钱袋子"。

不法分子根据不同人群特征，针对性实施诈骗，例如免费领取游戏装备诈骗主要针对未成年人；虚假购物、刷单返利类诈骗主要针对大学生；虚假网络投资理财诈骗主要针对大龄群体；退货未原路退款、个体工商户年检诈骗等经营类诈骗主要针对小微个体经营户；冒充公检法、虚假征信类诈骗主要针对农林牧渔行业人群。

此外，电信诈骗分子针对性实施虚假购物、虚假网络投资理财、刷单返利等类型的诈骗。

活动 7.1.1　防范社会化用户交易风险

做中学

以小组为单位，对身边的亲朋好友做小调查，了解他们作为社会化用户，在哪些平台上遇到过哪些交易安全问题，以及他们是如何解决问题的，是如何防范的。请将调查结果填入如表 7.1 所示的社会化用户交易风险调查表中。

表 7.1　社会化用户交易风险调查表

交易平台	问题类型	解决方法	对于风险的防范措施

请依据表 7.1，结合教材中的必备知识了解社会化用户面临的交易风险。

必备知识

1. 社会化用户交易面临的安全威胁

移动电子商务平台的快速发展受到了人们的广泛关注，但在其表面的繁荣之下依然存在着诸多风险，尤其是其中伴生的合规风险，成为移动电子商务平台能否持久发展的根本所在。下面列举移动电子商务平台目前面临的一些显而易见的合规风险。

（1）"涉传"风险

某些组织通过"割裂""跳级""拆分层级"等手段分配佣金，有涉嫌"传销"风险。移动电子商务平台还需要整体梳理商业模式、路径逻辑及交易环节，建立合法合规的 CPS（按销售付费）推广模式。

（2）无线窃听

移动电子商务平台采用的是无线网络技术，无线通信具有开放性，在信息传递的过程中，平台无线通信通道可能被不法分子窃听，导致信息泄露。而且无线窃听的技术门槛比较低，只要具有适当的无线终端设备，就可以进行窃听，而且很难被发现，所以对移动电子商务平台的威胁还是很大的。开放性是导致这个问题产生的重要原因。

（3）数据损坏

信息泄露之后，窃听者会损坏他们窃听的数据，加入带有攻击性的信息，再传输到原来的无线通信通道之中。这些带有攻击性的数据信息被传输到移动电子商务平台之后，会对整个移动电子商务平台进行攻击，进而造成整个移动电子商务平台瘫痪。这是数据被窃听者损坏之后，移动电子商务平台所面临的攻击和威胁。

（4）支付安全

移动电子商务平台安全问题的核心是移动支付安全。移动支付安全关系着移动电子商务平台使用者的权益。移动支付涉及的安全问题范围广，所需要使用的技术比较全面，问题也比较难以得到解决，主要包括无线网络自身的安全问题、软件病毒造成的安全问题、移动终端的安全问题，以及运营管理机制和操作中的漏洞。所以解决移动支付安全问题，需要各个方面的努力。

（5）隐私数据泄露风险

与传统的电子商务平台不同，移动电子商务平台可能还会存在部分用户之间的社交关联关系，如果隐私数据泄露，造成的后果可能更为严重。依据《中华人民共和国网络安全法》《App 违法违规收集使用个人信息行为认定方法》《信息安全技术　个人信息安全规范》等法律、标准、规范的要求，移动互联网应用程序在对个人信息、个人隐私信息进行收集、使用、存储、委托处理、共享、转让及披露等操作时，应当遵循合法、最小必要、公开透明等原则。

2. 社会化用户交易其他方面的问题

（1）数据库安全问题

移动电子商务平台在数据库方面的安全问题表现为非法入侵者对数据库的攻击。电子交易信息在网络上传输的过程中，可能被他人非法修改、删除或重放（指只能使用一次的信息被多次使用），从而使信息失去真实性和完整性。如在淘宝交易中，交易评价信息存储于淘宝数据库，若数据库存在安全防护漏洞，不法分子便可能非法删除中差评。

（2）网络通信安全问题

移动电子商务平台在网络通信方面的安全问题主要体现在以下几个方面：交易的内容被第三方窃取；电子交易信息在传输过程中，被他人非法修改、删除或重放；信息的存储和传输受到恶意破坏（如病毒威胁）。信息破坏包括因网络硬件和软件的问题而导致信息的丢失与谬误传递；一些恶意程序的破坏导致移动电子商务平台的信息遭到破坏。如一些免费 Wi-Fi 其实暗藏风险，大多数公共场所的免费 Wi-Fi 缺少安全防护措施，还有可能是黑客自行搭建的"山寨 Wi-Fi"，有可能导致账号与密码被盗、个人信息泄露、网银盗刷等严重后果。

（3）用户身份多重性问题

用户身份多重性问题在移动电子商务平台中较为突出，主要体现为用户可能具有多重身份属性，如推广者、消费者、主播、讲师等，容易导致收益来源不清等情况。用户应明确身份关系，区分收益来源。

【案例 7-1】

一部手机失窃遭盗刷，暴露了哪些安全漏洞？

一篇网络文章曾受到广泛关注：一名网友描述了家人手机遭盗窃后"被消费""被贷款"的遭遇。文章引发公众对手机失窃可能带来的财产安全问题的担忧。图 7.1 形象地描述了一部手机失窃遭盗刷的情形之一。

图 7.1 　一部手机失窃遭盗刷

该网友称，其家人手机失窃后，不法分子利用电信、金融、支付等机构，以及互联网金融平台的安全漏洞，新建账户，绑定银行卡，几小时内，便在线办理了贷款业务，并进行多笔消费。

网友向记者复盘了不法分子盗刷的全过程猜测：不法分子取出机主手机卡，将其安装在自己的手机上，通过短信校验的方式登录了某政务平台 App，由此获取了机主的姓名、身份证号、银行卡号等关键个人信息，通过这些关键信息及校验短信进行服务密码重置，掌握了对手机卡的主动控制权。此后，不法分子在多个金融或电商 App 注册了新账户，绑定机主的银行卡进行消费，申请贷款，给机主造成了巨大的经济损失。

在整个过程中，绑定银行卡、贷款、消费等操作，都是凭借手机短信验证码顺利过关的。

记者了解到，造成这样的结果，关键在于手机遭盗窃后机主没有第一时间挂失电话卡，令不法分子有了可乘之机。

专家解释，在电话卡未挂失的近两小时，由于掌握了机主个人关键信息，不法分子通过在线服务对通信业务密码进行了重置。这相当于掌握了通信业务办理的主动权，不仅可以远程解除挂失，还可以利用短信验证码登录其他网站和软件。

事后，大部分涉事支付机构已赔付受害人的经济损失。中华人民共和国工业和信息化部也约谈涉事电信企业相关负责人，并提出对于服务密码重置、解除挂失等涉及用户身份的敏感环节，要在方便用户办理业务的同时强化安全防护。

记者发现，虽然这是一起偶发事件，但暴露了一系列涉及公民个人信息和财产安全的漏洞。

上述案例中，不法分子通过什么方式，利用一部手机就办理了贷款？如果遇到这种情况，你会如何处理？

拓展练习

打开搜索引擎，输入关键词"移动支付安全问题案例"进行搜索，了解更多的移动支付风险隐患。

分组讨论，整理讨论的内容，形成一份关于移动支付风险规避的报告，各组之间分享成果。

活动 7.1.2 技能训练：处理用户退款

小组合作，查找相关资料：抖音买家申请退款后，卖家是如何处理的。

读一读

一、退货/退款处理流程

商家或系统同意用户的退货/退款申请后，如果用户已在规定时间内填写物流信息，商家可根据退货商品物流状态进行操作。

1. 操作"退款"

若物流信息显示已签收，商家可在收到退货商品后的 48 小时内操作"退款"；如超时未处理，则系统默认退款。

2. 操作"延长收货"

若物流信息显示未签收，商家可在用户上传运单号的 5 天后，使用"延长收货"功能（仅可延长一次）。系统支持延长 7 天，商家应在延长的时间内完成售后处理，否则系统将自动退款。

若商家在用户上传运单号后 7 天内未操作，则系统自动退款（节假日会调整时效）。

3. 操作"拒绝"

若商家收到退货商品后发现不符合退款要求，可点击"拒绝"按钮。注意：此时售后节点流转到用户，用户可选择 48 小时内在平台进行"客服仲裁"，或在"售后有效期"内再次发起申请。用户申请平台介入后，若判定为商家责任，将影响商家有责纠纷率和体验分，因此，商家尽量不要直接点击"拒绝"按钮，一定要和用户协商，协商一致后可引导用户修改或取消售后。

二、不同场景的售后处理技巧

下面几种情况在实际中较为常见，请讨论后给出建议方案。

1. 退货商品影响二次销售

情况 1：商品本身无质量问题

建议方案：

_____

_____

情况 2：商品本身有质量问题

建议方案：

_____

_____

2. 用户寄错商品

场景定义：商家发现用户退回的商品并非自己店铺的商品（拍 A 退 B）。

案例分享：张三在店铺中购买了一条裙子，但商家收到的退货商品是牛仔裤。

建议方案：

_____

_____

积极主动与用户联系：

_____

_____

3. 退货少件、缺件

场景定义：用户退回的货物少件、缺件或者没有把赠品、小配件寄回。

案例分享：张三在某店铺购买护肤品后收到了商家赠送的美容仪，但商家收到退货商品时没有看到美容仪。

建议方案：

_____

_____

及时联系用户确认、协商解决：

_____

_____

教师点评

_____

_____

_____

任务 7.2　实现社会化用户的安全交易保障

问题引入

　　了解手机支付类病毒的传播渠道，对于用户防范手机支付类病毒至关重要。报告显示，手机支付类病毒除了通过二次打包到手机网购、支付等五大类应用，在一些电子市场、手机论坛传播，还会通过二维码传播。目前，二维码已经成为手机支付类病毒传播的关键渠道，此类案件也发生过多次。那么，用户应该通过哪些方面防范手机支付类病毒呢？

_____

_____

你知道吗

移动电子商务是基于无线网络的交易，双方不必见面就能完成商务活动，整个过程容易受网络环境、人员素质和数据传输等因素的影响而产生各种各样的安全问题。从狭义上讲，移动电子商务安全是指移动电子商务信息的安全，即信息的存储和传输安全；从广义上讲，它包含移动电子商务运行环境中的各种安全问题，如移动电子商务系统的软硬件安全、运行和管理安全、支付安全等问题。

活动 7.2.1　了解移动电子商务交易安全技术

做中学

走进电子商务园，了解移动电子商务企业在交易过程中遇到过哪些安全威胁，为了保证企业网络和交易的安全，通常需要安装哪些软件，其主要作用是什么。请将调查结果填入如表 7.2 所示的移动电子商务企业安全技术情况调查汇总表。

表 7.2　移动电子商务企业安全技术情况调查汇总表

企业名称	交易过程中遇到过的安全威胁：病毒、木马、黑客、钓鱼平台、信息泄露、诚信等			所采用的安全技术	效果

请依据表 7.2，结合教材中的必备知识，理解相应的移动电子商务交易安全技术知识。

必备知识

移动电子商务以互联网为基础载体。互联网具有强大的开放性，使得信息安全成为制约移动电子商务发展的瓶颈，因此，采取必要且恰当的技术手段就显得十分重要。移动电子商务交易使用的安全技术包括生物识别技术、加密技术、认证技术、VPN（虚拟专用网络）技术及相关安全协议和标准等。

1. 移动电子商务交易的安全技术

（1）生物识别技术

随着移动端手机、平板电脑的硬件发展和软件进步，多数手机或平板电脑已经采用了生物识别技术，如指纹识别技术、基于摄像头的人脸识别技术等。生物识别技术能以简单快捷的形式完成身份识别。在移动端计算能力不断提升、摄像头普及的前提下，已经有很多应用程序能够在不增加硬件设施的情况下实现指纹识别。这类技术的使用能够极大地提高移动设备的私密性和抗破解能力，做到了即使手机丢失，也很难被解锁。

（2）加密技术

加密技术是一种基本的安全技术。通过加密技术，通信明文可以被转换成密文，只有知道解密密钥才能恢复原来的明文。

根据密钥的特点，可以将加密分为对称加密和非对称加密。

对称加密：又叫共享密钥或机密密钥加密，使用发件人和收件人共同拥有的单个密钥。

非对称加密：又叫公开密钥加密。公开密钥加密使用两个密钥：一个公钥和一个私钥。这两个密钥在数学上是相关的。

（3）认证技术

进行认证的主要目的：一是验证消息发送者和接收者的真伪；二是验证消息的完整性，验证消息在传送或存储过程中是否被篡改或有延迟等。一般通过下列技术手段实现。

数字签名：用来识别资料来源，本身并不具备对资料进行加密的功能，即被签过名的文件是以明文方式传送的。

数字证书：网络交易双方真实身份的证明。它是一个经证书授权中心数字签名的，包含证书申请者个人信息及其公开密钥的文件。

（4）VPN 技术

VPN 技术是利用现有的公共网络建立私有数据的传输通道，从而将远程的分支办公室、商业伙伴、移动办公人员等连接起来，并且提供安全的端到端通信的一种 WAN（广域网）技术。

2．移动电子商务交易的相关安全协议和标准

（1）WAP

WAP（无线应用协议）是在移动电话、PDA（个人数字助理）等移动通信设备与互联网或其他业务之间进行数据交互的开放性、全球性标准，由一系列协议组成。应用 WAP 标准的无线通信设备都可以访问互联网，包括收/发电子邮件、查询信息和访问网站等。

（2）WPKI

WPKI（无线公钥基础设施）是将互联网电子商务中的 PKI（公钥基础设施）安全机制引入无线网络环境中的一套遵循既定标准的密钥及证书管理体系。它用来管理在移动网络环境中使用的公开密钥和数字证书，能有效建立安全且值得信赖的无线网络环境。

【案例 7-2】

防范和消除恶意软件

很多手机用户收到过带有陌生网址的病毒短信。一旦点击了这些网址，手机就会自动下载并安装恶意软件，借助恶意软件读取手机通讯录上的所有联系人，群发带有上述网址的短信，进一步恶意扩散。

1. 有效预防手机安装恶意软件

（1）尽量在手机自带的应用商店下载软件，不要下载和安装第三方软件等。

（2）以某部安卓手机为例：打开手机"设置"—"安全"页面，在"未知来源"处选择"禁用"。此设置可以避免某些恶意软件在用户不知情的状态下偷偷安装到手机中。

（3）切记：安卓手机不要获取 Root 权限，苹果手机不要越狱。以上两点是每部手机的安全大门，把门守好了也是关键。每次安装软件时，都要检查权限，并仔细阅读协议。

（4）保持系统更新。无论使用哪个牌子的手机，都务必保持系统始终是最新的。及时安装厂家推送的更新系统，能够让手机保持良好的安全状态，避免各种漏洞可能带来的风险。

2. 清除已安装的恶意软件

如果手机已安装恶意软件，可以按照以下操作处置。

（1）将手机重启到安全模式（所有安卓手机都有这个模式）。在此模式下，系统不加载系统应用以外的软件。各种机型进入安全模式的方法不同，如果不知道怎么进入，可以上网搜索。

以某部安卓手机为例，打开"设置"—"应用程序"—"下载"页面（恶意软件一定是后来才安装到系统中的，因此只能在这里找到它），找到恶意软件，立即卸载。如果"卸载"按钮是灰色的，不能点击，需要先在该软件的"权限"选项中取消 Root 授权，然后再进行卸载。

（2）直接恢复出厂设置。这样会把手机里的所有内容清空，恢复到刚买时那样，再重新从应用商店下载所需的软件就可以了。

⚙ **拓展练习**

1. 通过上网搜索、查阅资料等方式，小组各成员收集至少 3 个目前在移动电子商务领域运用得较为广泛的查毒软件，填写在表 7.3 中。

表7.3　移动电子商务领域运用得较为广泛的查毒软件表

小组成员	查毒软件	运用情况	软件特色

2．各小组汇总学习成果，派代表在班级交流时发言。

活动 7.2.2　了解移动电子商务交易网络安全体系

🔍 做中学

查找相应的信息，结合教材中的必备知识初步了解移动电子商务交易网络安全体系。

1．通过搜索引擎，了解 3 个品牌的手机安全等级设置。

2．收集有关网络诈骗的新闻，查找防范不法分子的方法的相关知识。

3．收集支付宝、财付通保障支付安全的措施的相关资料。

各小组把收集的资料整理好，推选代表，课内交流成果。

📅 必备知识

移动安全技术在移动电子商务活动中保护着商家和用户的重要信息，维护商务系统的信誉，保障用户的财产安全，所以需要提升移动电子商务的安全防范能力，以增强其可用性和可推广性。可以采取的方法是参考传统电子商务的安全防范措施，并根据移动电子商务的特点，制定高效的安全策略。

1．端到端的安全

端到端的安全是指保护移动电子商务中的每个连接端口，保障数据从传输点到目的地之间所有端口的安全性。移动电子商务需要用到许多设备，这些设备运行于不同的操作系统且采用不同的标准，因此安全性已经成为更加复杂的问题。这就需要制定相应的规范，规定各终端的安全标准，包括移动终端安全性要求和固定终端安全性要求。

2．采用 WPKI

采用 WPKI 时，加密密钥与解密密钥各不相同，发送信息的人利用接收者的公钥发送加密信息，接收者再利用自己专有的私钥进行解密。这种方式既能保证信息的机密性，又能保证信息具有不可抵赖性。

3．加强身份认证和移动设备识别管理

在移动电子商务的交易过程中，应加强移动电子商务用户的身份认证管理和移动设备识别管理，使得移动设备与用户身份一一对应，保证每个用户访问与授权的准确性和使用移动设备的唯一性。交易过程采用实名认证方式并设置交易移动设备，可以增强移动电子商务交易的安全性，保证交易双方的利益不受侵害。在管理过程中要注意设置移动设备使用密码，防止在移动设备丢失时产生不必要的损失。

4．使用病毒防护软件

使用移动设备病毒防护软件，及时查看并经常更新移动设备病毒信息，定期检查移动设备中是否有病毒，可以使移动设备处于良好的工作状态，防止处于潜伏期的病毒突然发作。

5．规范移动电子商务行业管理

为了保证移动电子商务的正常、安全运作，需要建立移动电子商务的行业安全规范，明确在移动电子商务交易过程中各主体的责任，提升移动电子商务主体的安全意识，加强移动电子商务行业相关人员的整体诚信意识、风险营销意识和安全交易意识。需要对技术性安全措施、运营管理安全措施和交易中的安全警示进行整合，以形成一个整合的、安全的移动电子商务运营和防御策略，确保使用者免受安全威胁。需要通过移动电子商务安全规范的建设，建立整个交易过程的良性互动机制，促进移动电子商务的健康发展。

6．遵守移动电子商务相关法律

移动电子商务较传统电子商务更需要政策来规范其发展。只有用法律来保障交易双方的权益不受侵害，才能使得用户改变固有的交易方式，使用更加方便快捷的移动电子商务交易方式。使用法律手段是现阶段有效解决移动电子商务安全问题的必要措施。只有做到有法可依，有法必依，才能使得企业正常开展对移动电子商务安全体系的研究工作，才能推动移动电子商务的安全体系成型。

活动 7.2.3 技能训练：移动支付安全设置与风险防范

1．设置支付宝/微信支付安全功能

（1）开启支付宝指纹/人脸支付功能（以某款华为手机为例）

步骤：打开支付宝的"我的"→"设置"→"支付设置"→"生物支付"页面，开启"指纹支付"或"刷脸支付"功能，按提示完成指纹或人脸录入（需先在手机系统设置中录入生物信息）。

作用：支付时需验证指纹或人脸，防止他人直接使用支付功能。

（2）设置微信支付安全锁（以某款小米手机为例）

步骤：打开微信的"我"→"服务"→"钱包"→"安全保障"→"安全锁"页面，开启"手势密码解锁"或"指纹解锁"功能，设置后进入支付功能需验证。

作用：支付时需验证手势密码或指纹，防止他人直接使用支付功能。

（3）管理绑定设备，防范陌生设备登录（以某款 OPPO 手机为例）

支付宝：在"我的"→"设置"→"账号与安全"→"设备管理"页面移除不常用设备。

微信：在"我"→"设置"→"账号与安全"→"登录设备管理"页面删除可疑设备。

（4）配置二次验证

例如，为支付宝账号开启二次验证（以某款华为手机为例）

　　打开支付宝的"我的"→"设置"→"账号与安全"→"安全中心"页面，开启"登录二次验证"功能，绑定备用手机号或邮箱。当新设备登录时，需输入短信验证码+已绑定的邮箱验证码。

　　例如，某用户为其手机进行的移动支付安全设置如表 7.4 所示。

表 7.4　移动支付安全设置记录表

安全功能	设置平台（支付宝/微信）	操作摘要	防护效果
指纹支付	支付宝	设置指纹验证	支付需指纹，防盗用
安全锁	微信	设置手势密码	防他人直接使用支付功能
二次验证	支付宝	设置短信+邮箱验证	防异地陌生设备登录

练一练

　　尝试为微信账号绑定安全手机，开启邮箱验证，并模拟异地登录场景测试验证流程。

_____

_____

---

2. 识别钓鱼链接与恶意软件（国内常见案例）

（1）识别可疑链接（分组讨论）

① 伪造淘宝域名。

② 伪造子域名，实际为第三方网站。

结论：需检查域名拼写，警惕短链接，不随意点击短信/邮件中的不明链接。

（2）安装安全查毒软件（推荐国内主流工具）

　　例如，下载并安装腾讯手机管家或 360 安全卫士，进行全盘扫描。开启"实时防护"功能，拦截恶意应用和钓鱼网站。

3. 设备远程锁定与数据擦除

　　以某款华为手机为例，设备远程锁定与数据擦除步骤如下。

（1）开启"查找我的手机"功能

　　打开"设置"→"华为账号"→"云空间"→"查找设备"页面，开启"查找我的手机"功能。

（2）模拟手机丢失场景

　　登录华为云空间官网，打开"查找设备"→"丢失模式"页面，远程锁定设备并留言。必要时使用"擦除数据"功能清除敏感信息。

练一练

搜索"国内移动支付诈骗案例解析",总结 3 种常见的诈骗手法（如假冒客服、虚假红包）及应对策略。

_____

_____

_____

教师点评

任务 7.3 熟悉移动电子商务法律法规

问题引入

辽宁的赵先生自 2016 年 5 月开始,通过他人分享的二维码进入网上商城。该网上商城的商品贵得离谱,但有返现,买 1 000 元的商品,会返现 50 元。5 月 16 日后,该网上商城不支持微信支付和支付宝支付,并逐步改成了积分支付,要求消费者把钱打给积分代理购买积分。该网上商城的行为是否违法？原因是什么？

_____

_____

你知道吗

调整移动电子商务的法律规范主要来自《中华人民共和国电子商务法》（以下简称《电子商务法》）及其他相关法律法规。具体调整范围如下。

（1）在我国境内电子商务平台上发生的交易。

除当事人另有约定外,在我国境内电子商务（包括移动电子商务）平台（电子商务平台经营者在我国境内依法注册登记）发生或者依托我国境内电子商务平台进行的交易,不论交易双方是否为我国境内的自然人、法人和非法人组织,均适用我国法律法规。

（2）交易双方当事人均为我国自然人、法人和非法人组织。

即使其利用境外电子商务平台进行交易，交易双方当事人均为我国自然人、法人和非法人组织的，也适用我国电子商务法，当事人另有约定的情况除外。

（3）境外经营者在境外建立网站或者通过境外平台向我国境内的自然人、法人和非法人组织销售商品或者提供服务。

如果买方或者服务接受者为我国自然人，应适用我国法律法规，除非消费者选择适用商品、服务提供地法律或者消费行为发生在境外。如果买方或者服务接受者为我国境内的法人或非法人组织，双方可以约定适用我国法律法规。

（4）我国与其他国家、地区所缔结或参加的国际条约、协定规定跨境电子商务活动适用我国法律法规的。

依照《电子商务法》第二十六条的规定，电子商务经营者从事跨境电子商务，应当遵守进出口监督管理的法律、行政法规和国家有关规定。

活动 7.3.1　了解移动电子商务交易立法现状

做中学

请做个小调查，调查问题如下：有哪些移动电子商务相关法律法规？

_____

_____

必备知识

1. 国际相关立法

（1）联合国国际贸易法委员会《电子商务示范法》

《电子商务示范法》对数据电文的传递，涉及货物运输中的运输合同、运输单据、电子提单的效力和证据效力等问题做出了规定。

（2）联合国国际贸易法委员会《电子签名示范法》

《电子签名示范法》对各个国家电子签名的立法起示范作用，并没有强制约束各个国家在此方面的工作，仅供各个国家在电子签名立法与实践中参考和采纳。

2. 国内相关立法

（1）《电子商务法》是政府调整企业和个人以数据电文为交易手段，通过信息网络所产生的，因交易形式所引起的各种商事交易关系，以及与这种商事交易关系密切相关的社会关系、政府管理关系的法律规范的总称。

（2）《中华人民共和国网络安全法》是为保障网络安全，维护网络空间主权和国家安全、社会公共利益，保护公民、法人和其他组织的合法权益，促进经济社会信息化健康发展而制定的。

（3）《网络产品和服务安全审查办法（试行）》是为了提高网络产品和服务安全可控水平，防范网络安全风险，维护国家安全，依据《中华人民共和国国家安全法》《中华人民共和国网络安全法》等法律法规制定的。

（4）《互联网广告管理暂行办法》是根据《中华人民共和国广告法》等法律、行政法规制定的，旨在规范互联网广告活动，保护消费者的合法权益，促进互联网广告业的健康发展，维护公平竞争的市场经济秩序。

（5）《中华人民共和国电子签名法》是为了规范电子签名行为，确立电子签名的法律效力，维护有关各方的合法权益而制定的法律。

（6）其他与电子商务活动相关的法律法规：《网络交易监督管理办法》《网络交易服务规范》《互联网著作权行政保护办法》《中华人民共和国民法典》《中华人民共和国著作权法》《中华人民共和国专利法》《中华人民共和国商标法》。

【案例7-3】

唯品会网络服务合同纠纷案

亮点：平台对滥用权利的用户停止服务的格式条款效力认定。

唯品会超级VIP会员吴某因84.54%的高退货率，被唯品会依据用户协议冻结账户。吴某不服，于是起诉。法院经审理认为，消费者虽享有退货权，但若退货行为长期超过消费者普遍的退货率，则该行为有悖于诚实信用原则，构成权利滥用。

本案中，法院认定消费者滥用权利，肯定了电商平台自治对网络空间治理的重要作用，为日后类似案件的审理提供了有效的参考和指导。这样审理有利于引导消费者合理行使权利，发挥平台自治对营造良好网络秩序的重要作用，从而推动电子商务市场的进一步发展。

拼多多合同纠纷案

亮点：平台"假一罚十"规则的效力认定。

拼多多与商家在平台协议中约定"假一罚十"规则，拼多多委托案外人购买商家商品后，鉴定该商品为假冒商品，据此认定原告销售假货，并依据平台协议冻结了原告的账户资金。法院经审理认为，该规则有效。

法院认定"假一罚十"规则有效，有利于引导各地法院改善对于平台协议与交易规则的态度，鼓励平台进行自我规制和自我管理。但同时，为保护平台内经营者的利益，也需要对平台自治进行审慎、必要的监管。

拓展练习

小组合作学习，搜索"移动电子商务法律纠纷案例"并对其进行分析。

结合案例，初步分析原因，在搜索引擎中检索相关内容，学习相关法律法规。小组交流后推荐代表在课内进行交流。

根据此案例，我们小组学习的一部法律法规是＿＿＿＿＿＿＿＿＿＿＿＿＿＿＿＿＿＿

这部法律法规中的＿＿＿＿＿＿＿＿＿＿＿＿＿＿＿＿＿＿＿＿＿＿＿＿＿＿＿＿＿＿＿

＿＿＿＿＿＿＿＿＿＿＿＿＿＿＿＿＿＿＿＿＿＿＿＿＿＿＿＿＿＿＿＿＿＿＿＿＿＿＿

可以作为此案例的学习依据。

本小组推荐的代表：＿＿＿＿＿＿＿＿＿＿＿＿＿＿＿＿＿＿＿＿＿＿＿＿＿＿＿。

活动 7.3.2　熟悉移动电子商务零售平台交易规则

做中学

1. 通常，你会在哪些移动电子商务零售平台购物？为什么选择这个平台？

＿＿＿＿＿＿＿＿＿＿＿＿＿＿＿＿＿＿＿＿＿＿＿＿＿＿＿＿＿＿＿＿＿＿＿＿＿＿＿

2. 关于在移动电子商务零售平台购物，你觉得最大的问题是什么？为了避免这个（些）问题，你会怎么做呢？

＿＿＿＿＿＿＿＿＿＿＿＿＿＿＿＿＿＿＿＿＿＿＿＿＿＿＿＿＿＿＿＿＿＿＿＿＿＿＿

必备知识

遵守平台规则的重要性就是保证产业良性循环。简而言之，规则的制定就是针对混乱状态进行的规整。移动电子商务零售平台的规则也是如此，其施行不仅有助于对网购乱象的整治，还有助于促进移动电子商务的良性循环和正向发展，有助于移动电子商务产业做大做久。

移动电子商务零售平台中常见的违规问题如下。

1. 诱导非官方交易

某官方的解释是，商家主动诱导消费者，或接受消费者的要求（被动的也算），通过非官方渠道进行交易，导致提高交易风险、损害消费者合法权益的行为，都属于诱导非官方交易。一旦被平台判定为诱导非官方交易，那么后果会非常严重。

场景一：

消费者：我支付宝里没钱了，能加我微信吗？我想用微信付款。

商家：我的微信号是×××。

场景二：

消费者：我是做批发的，想多买一些，能给优惠吗？你的微信号是多少？我加你。

商家：我的微信号是×××。

2．违反商品发布规则

与商品发布规则相关的违规行为中，较多的是重复铺货。什么是重复铺货？按照某官方的规定，若同一个店铺发布的两个及两个以上商品 ID 或链接中的商品属同款商品，就会被平台判定为重复铺货。这种行为被平台发现后，会给店铺一定的期限进行整改，但是如果出现多次，且情况严重，平台就会对商品进行降权处理，甚至强制下架商品。关于重复铺货，以下是简单的举例说明。

（1）同款商品、不同颜色分别发布。

（2）同款商品、不同规格分别发布。

（3）通用型商品按照适用的型号、款式等分别发布（如汽车用品的雨刷、脚垫等）。

（4）同款商品加不同赠品或附带品分别发布。

（5）同款商品使用不同主图、角度等不同发布形式分别发布。

3．违规发货

违规发货的表现主要有延迟发货、虚假发货、欺诈发货、缺货等。出现以上情形，可能被平台认定为违规发货。因此，商家在收到物流单号之后不要急于上传到平台，而要先查看物流信息，看到处于正常流转状态后再上传到平台。如果商品有滞留、丢失等情况，要及时与物流公司联系，尽快解决问题。

4．出售假货

按照某平台的规定，假货就是假冒商品及盗版商品。假冒商品包括假冒注册商标或假冒他人厂名、厂址的商品。从广义上讲，无法提供正品授权的商品都属于假货。对于假货，任何电商平台都是严厉打击的，这是平台的底线。一旦被认定为假货，平台会将该商品永久下架，并且限制店铺进行资金提现。除此以外，平台还会根据销售情况扣除商家的保证金，或者将商家的账户余额作为消费者赔付金，用于对购买该假货的消费者进行赔付。如果店铺出售的假货数量较多，平台会直接将其清退或者提交给司法机关及相应部门处理。

5．侵犯知识产权

移动电子商务知识产权的违规主要涉及商标权、专利权、著作权等。商标权违规主要表现在两个方面：一是商品实物侵权，二是商品描述侵权。商品实物侵权多数为举报人投诉，由市场监督管理部门处理。在平台上的投诉，大部分是商品描述侵权。商品描述侵权主要表现为在标题关键词上滥用品牌名称，在图片上不当展示商标标志等。所以，店铺在选品的时候，一定要对这些容易侵权的商标和品牌做处理，不能直接上传。

【案例 7-4】

1.7 万元网购的名牌包竟是假货，法院判了 3 倍赔偿

2021 年 4 月中旬，李先生通过某电商平台在某服装店购买了两个 LV（路易威登）挎包。店铺承诺两个包均为法国代购正品，总价格为 1.7 万元。当天，李先生向店铺支付了货款。

4 月和 5 月，李先生先后收到两个包。为防止买到假货，他开箱收货时专门录了视频。拆封后，李先生发现挎包有一股刺鼻的味道，做工也很粗糙，怀疑自己买到了假包。于是，他找到一家鉴定机构对挎包进行检验，结果显示两个挎包都不是正品。

李先生与店铺沟通后，没有确认收货，电商平台退还了李先生的货款 1.7 万元。李先生认为该服装店采取欺诈的方式向他销售商品，侵害了自己的合法权益，于 2021 年 5 月 14 日将该服装店起诉到法院，要求撤销与该服装店签订的买卖合同，并索要 3 倍赔偿。

庭审中，被告辩称，原告提交的鉴定报告是由不具备相应鉴定资质的机构给出的，不能证明自己销售的商品为假冒伪劣商品，应当驳回原告的诉讼请求。为查明案件事实，承办法官在征得双方当事人同意的情况下，将商品交由具有鉴定资质的机构进行商品真伪鉴定。2021 年 9 月，经鉴定，原告购买的两个挎包都不是正品。

法院认为，原告通过该电商平台，在被告店铺购买了商品，双方对商品的质量、价格进行了约定，原告支付了货款，被告向原告发送了货物，双方的信息网络买卖合同成立。

原告的订单显示购买的商品均为法国正品，被告也承诺商品是法国代购正品，但依据鉴定结果，被告向原告出售的商品为假冒伪劣商品，被告以假充真的行为明显属欺诈行为。

最终，法院判决撤销原告李先生与被告某服装店签订的买卖合同，该店铺不仅要支付 4 000 元的鉴定费，还要向李先生支付赔偿金 5.1 万元。该服装店不服判决，提起上诉。2022 年 3 月，二审法院驳回了该服装店的上诉请求，维持原判。

法官提示，买卖合同是出卖人转移标的物的所有权于买受人，买受人支付价款的合同。在日常生活中，销售和购买商品的双方虽然很多时候没有签订正式的买卖合同，但形成了事实上的买卖合同关系。当消费者发现购买的商品存在假冒伪劣情形时，就应当保存好相关证据，并根据相关法律提起民事诉讼，这样既是对自身合法权益的保护，也是对商品生产者、经营者的监督。

《中华人民共和国消费者权益保护法》第五十五条规定："经营者提供商品或者服务有欺诈行为的，应当按照消费者的要求增加赔偿其受到的损失，增加赔偿的金额为消费者购买商品的价款或者接受服务的费用的三倍；增加赔偿的金额不足五百元的，为五百元。法律另有规定的，依照其规定。"

⚙️ 拓展练习

1. 商品中没有涉及注册商标，为什么会被平台认定为疑似售假？

_____

2. 商品没有售出过、商品链接已及时删除，会不会被处罚？

_____

3. 已在商品链接内写明"图案不代表品牌，无实际意义"的定制类商品，商家是否可以免责？

_____

活动 7.3.3　技能训练：防范交易风险

1. 采用采访和上网搜索资料的形式，小组合作开展训练

分组收集移动电子商务客服在交易中被投诉的案例，并找到防范被投诉的方法。各组组长负责整理相关资料，简要填写表 7.5。课前，小组代表在全班进行交流。

表 7.5　客服面临的交易风险表

客服	平台	投诉原因	处理方式	防范方法

2. 移动电子商务客服服务于消费者时常见的交易风险

风险 1：消费者要求商家提供发票，商家拒绝开发票。

旗舰店、专营店、专卖店等企业店铺都是有义务按照消费者实际支付的金额为消费者开具发票的，相关税收则由商家自己承担。

注意：参与拼多多砍价免费拿、拼多多抽奖之类的活动，通常是不支持开发票的，商家应提前告知消费者。

场景：消费者会经常问到关于发票的问题。如果你是客服，你应该如何回复呢？

_____

风险 2：客服辱骂消费者。

在服务过程中，客服辱骂消费者，并且被消费者截屏投诉，会被直接罚款，直接赔给消费者，没有申诉的机会。

场景：如果你是客服，在服务过程中被消费者辱骂，应该怎么处理？

_____